「発達」を問う

今昔の対話　制度化の罠を超えるために

浜田 寿美男［著］

ミネルヴァ書房

「発達」を問う——今昔の対話　制度化の罠を超えるために

目次

第Ⅱ部　「発達、発達」と叫ばれるこの時代の発達心理学

はじめに

素朴な出発点

人間とは何か。人間はいったいどうやって生きているのか。何のために生きているのか。そんな素朴で、そうとうに子どもっぽい問いに囚われて、私は心理学の世界に飛び込み、たまたまの出会いで、「発達心理学」を学ぶことになった。一九六〇年代の終わり、私が二〇歳前後のころのことである。

それはややこしい時代だった。大学とは何か、研究とは何か。いま考えてみれば、これという答えなど出そうにない問いが周囲に飛び交っていた。私もまた、そんな問いに駆り立てられて、「大学解体」というおよそ空疎なスローガンを、信じはしなかったが、その渦中に身を投じ、いったんはそこからはじき出されもした。しかし、そうして疑念の渦に巻き込まれたまま、ふたたび大学の場に身をおいて、それ以降の半世紀あまり、今日まで、私は発達心理学に対してつかず離れずの位置を保ってきた。

発達心理学は、文字通りに人間が胎児からはじまり、赤ちゃんになり、子どもになり、そうしてやがておとなになって生きていく、その「人間になる」流れを追う。あるいは、おとなになって以降、さまざまな体験を経て、それぞれの生活を築き、老いを生き、やがて死を迎え、そうして「人間を終える」までの流れをたどる。それが人間を知ることにつながるという思いが、おそらくその底にはあった。それはごく素朴な発想にとどまるものではあったが、それでも「人はどこから来て、どこに行くのか」という永遠の問いに答えるための、何らかの手がかりがそこにあるのはまちがいない。

もちろん、私はそんな大仰なことをいつも考えてきたわけではない。ただ、少なくともこれが私の出発点だったことは確かである。それ以来、私は、発達心理学に限らず、大学の周辺で、心理学という名を冠した書物をあれこれと読んできたのだが、それに心が動かされることはほとんどなかった。もちろん、アカデミズムの心理学にも「人間とは何か」という問いはあって、対象を人間の現象に向けてはいる。しかし、その目の向け方が違うように見えて、私のなかでは違和感の方が先立った。

心理学をやろうと思いはじめたころ、私がはまっていたのは、当時の若い多くの学生たちと同様、切実な生活感覚を微細に語る文学であり哲学であった。そのなかで私が抱いていた心理学のイメージと、当時、大学の講義で習った心理学とのあいだには、あまりにも大きな懸隔があった。そして、私たちの心を揺さぶる文学や哲学をまともに論じられないような心理学を「ほんものの心理学」と呼んでいいのだろうかと密かに思っていた。何しろ文学や哲学の描く世界も、そして私たちが日々を過ごすその日常の苦悩や歓喜も、みな真摯な人間の現象である。その人間の現象を十分に論じることができないとすれば、その心理学がまだまだ偏頗なものでしかない証左ではないのか。

当時の私のこんな思いは、長くこの心理学の世界にとどまりつづけてきたいまの私の目には、あまりに青臭い。しかし、その青臭さをなお、私はいまもなお否みがたく、引きずっている。少なくともこの「ほんものの心理学」とのあいだの懸隔に後ろめたさを感じない心理学は、やはりほんものではないのではないか。その思いを否定できないでいる。

「神の心理学」と「私たちの心理学」

アカデミズムの心理学は、一八七九年にライプツィヒ大学でヴントがゼミナールを開き、心理学を「科学」として標榜して、その体系化を企図したことにはじまると言われる。その時代から数えて、すでに一五〇年近い。その間に心理学はさまざまな理論を展開し、多領域にわたるその研究者の数はいまや膨大な数に及ぶ。街の大きな書店には、巷の俗流心理学は別としても、大学で心理学を専門とする人たちが書いた研究書が溢れているし、学生向けに刊行された標準教科書も数えきれないほどある。この状況を外形的に見るかぎり、いわゆるアカデミズムの心理学は、まさに「科学」として隆盛を誇っていると言って良いかに見える。

しかし、科学としての心理学の成熟度は、いま、いかほどのレベルに達しているのだろうか。昨今は脳科学との関連でさまざまに新たな知見が積み上げられ、かつてない広がりを見せているが、それによって人間についていかほどのことが分かったのか。あらためて振り返ってみると、その知はまだまだ限られているというのが実際であろう。おそらくアカデミズムに籍を置く心理学研究者たちもまた、彼らが思い描く究極の心理学に至るまでに、なお大きな懸隔があると感じているはずである。ただ、ここで誤解のないよう断っておかなければならないのは、アカデミズムの研究者たちが感じているであろうその懸隔は、私自身が「ほんものの心理学」とのあいだに感じてきた「懸隔」と、あきらかにその方向性を異にしていることである。

多くの心理学者たちが考える心理学は、まるで神様のように人間世界を見下ろして、人間の行動の法則を打ち立て、その行動を説明し、予測する心理学、言ってみれば「神の心理学」である。しかし、それは「人間の心理学」でありうるのか。私はそこに根本的な疑念を抱いている。

一方で私が考えるのは、神のように上空飛行することなく、この大地のうえを生身で生きる人間の心理学である。「地球は丸い」と言い、あるいは「地球は回る」と言いながら、私たちはなお生身の人間として、この大地を生きているし、空を仰いで太陽が東から上がるのを迎え、西に沈むのを見送っている。言葉のうえでは地動説が正しいかのように言いながら、私たちはけっして地動説を生きてはいない。私は若いころ、飲み会の場などで冗談のように、ガリレオの地動説の主張を逆にもじって、「それでも大地は平らだ」とつぶやいたり、あるいは「それでも陽は上り、陽は沈む」と口走ったりした。しかし、それはただの冗談ではない。じっさい、私たちはこれまでこの日常を、ほとんどこの天動説的な地平の下で生きてきたし、いまもなおそうしている。とすれば、この地上で生きる人間の現象を描く心理学があってしかるべきではないのか。

そんな心理学はそもそも「科学」でないと言う人がいる。しかし、私たちはみなこの大地のうえで、のたうちまわりながら生きている。そのなかで人どうしがたがいに理解し合おうと努め、理解しきれなくて嘆き、悩みながらも、それなりの共同世界を築き、ときにどうしようもない争いを重ねて生きてきた。それが人間の現象である。この人間の現象を眺め下ろして、神のように説明したり予測したりする客観科学も、確かにありうるかもしれない。しかし、その一方で、人間がおのおの身体でもって生きる現象をその渦中から生き、たがいを理解し合う世界を広げていく、そうしたもう一つの心理学、つまり「私たちの心理学」があってしかるべきではないか。

私がまだ二〇代の半ば、大学が大荒れに荒れていたなかで、メルロ＝ポンティの『行動の構造』や『知覚の現象学』を読みながら悶々と考えていたのは、いまの私の言葉で言えば、この「神の心理学」と「私たちの心理学」との食い違いではなかっただろうか。それから半世紀近くを経て、後期高齢者と呼ばれる年代になったいまも、私はなおこの問題にこだわりつづけている。そのこだわりのかたちは、もちろん、若かったあのころと大きく異なっているはずだが、底にはなおつながっているものが少なくない。それゆえ、ここでその「こだわり」の具体的な姿をあらためて振り返ってみる。そうすれば私たちが抱えているこの時代の問題がより鮮明に見えてくるかもしれない。

私が「発達」をめぐって、以前に書き散らしてきた文章を取り出して、あらためて一書に編み直してみようと思うようになったのは、そのためである。

「制度」の枠からいつもちょっとはみ出して

私はこれまで、発達心理学を自分の仕事にしながら、「心理学」と名のつく学会には所属してこなかった。つまり、学会で研究成果を発表し、学会誌に論文を投稿して、業績を積むという学会「制度」の外で生きてきた。それは何らかの思想に根ざした「決意」によるというより、私が生きてきた時代に流されてのただの「なりゆき」の結果でしかなかったのだが、それを引き受けるだけの「意地」はあったように思う。一九八〇年前後から、刑事裁判の供述分析の仕事に没頭するようになって、二〇〇〇年に「法と心理学会」という名の学会を立ち上げることになったが、これを立ち上げたのちも、なお学会的な気分になじめず、いまではこの学会についても外野席の立場にある。

その私がまだ二〇歳代のころに手を染めた研究的な仕事は、発達心理学上の古典の翻訳だった。ウェルナー、ピアジェ、そしてワロンなど、言わば発達心理学の泰斗ともいうべき人たちの理論をまずは知らなければという思いではじめた仕事だった。未熟な語学力で難しい専門書に取り組むのは無謀とも思えたが、まるで杉田玄白や前野良沢の『解体新書』の気分で、これに取り組んだ記憶がある。一九七〇年代後半のことである。そして同じころ、その古典の書が対象として論じてきた子どもたちの現場に出入りするようになって、現実の問題として「発達」とつきあうことにもなった。そうして現場で生きる子どもたちの発達につきあい、発達を論じた書物とつきあう。そのなかで、この学者たちが描く人間像が浮かび上がってくる。善かれ悪しかれ、これが翻訳の作業の醍醐味であった。それに上記の理論家たちに加えてヴィゴツキーやルリヤなどのソビエト心理学も当時は大きな影響力をもっていて、そこで交わされた議論にも惹かれた。

思えば、そのころは人間をトータルに見ようとする大理論が盛んに論じられていた。しかし、それ以降、現代的な装いをしたあれこれの発達理論に出会うことにはなるが、いずれも部分的な領域を扱う、言わば小理論で、そこから「全体としての人間像」が浮かび上がってくることはほとんどない。それに比べれば、少なくとも初期の発達研究者たちの著作は面白かった。ただ、あえて言えば、ウェルナーの描く人間像は「有機‐全体論」を銘打っただけに平和に過ぎたし、また、ピアジェのそれは「認知発達」を軸にしてきれいに整い過ぎているだけでなく、情動の問題にほとんど触れておらず、片面的な印象を拭えなかった。その意味で、ワロンの議論から立ち上がる人間像は、その姿勢情動論を基盤に、生身の身体で生きるどろどろとした姿を描いていて、私にはもっともなじみ深く感じられた。ただ、難解に過ぎた。当然のことだが、現実を理論でカバーし尽くすことは、容易ではない。いや、容易でないというレベルを超えて、およそ不可能なことかもしれない。そうかと言って、現実を小分けにして領域ごとの理論を積み上げていくだけで、発達の全体、人間の全体に迫ることができるとは思えない。

大学に職を得て、心理学を担当する教員になって三年後、一九八〇年にミネルヴァ書房から岡本夏木・村井潤一両先生を編集人として、季刊『発達』が創刊された。いま思えば、この季刊誌のタイトルとして「発達」を名乗ったのは、当時の状況からして、ある意味冒険的とも言えるものだった。しかし、裏返して言えば、同時にこのタイトルは問題提起的でもあった。そのころ、子どもたちの「全面発達」を唱えて、どんなに重い障害児たちにもその発達を保障しようとする人たちが一定の勢力をなしていて、しかし、他方で、山下恒男さんの『反発達論』（現代書館、一九七七年）なども出て評判になっていたし、「発達」という言葉にまとわりついた「進歩」志向への嫌悪感が広がっていた。私自身、この「反発達」的な志向に共感をしつつ、一方で「発達」には私たちのいまを相対化しようとする批判的な意味合いもあって、これもまた捨てがたいものであった。私はそうした両義的な感覚を抱きながら、この季刊誌の立ち上げ段階から議論に参加し、創刊号から一定の紙面をいただいて、ワロンの論文集の訳稿を寄稿し、あるいは「子どもの生活世界研究会」の名称で現場からの事例報告を掲載してきた。また「セミナー発達心理学」という連載を二四年もつづけてきたし、私にとってそこが大事な仕事の場となった。

この季刊誌はいわゆる学会誌ではないし、かと言って、啓蒙的ないわゆる一般誌でもない。いわば、その中間的な位置にある。私はその『発達』の創刊からかかわって、いまでは四〇年を越える。そこで何ほどのことができたのかと問われれば、内心忸怩たる思いを禁じえないのだが、ともあれそこで「発達」についてあれこれ論じる機会を得ることができた。一人うつうつと考えているだけでは、何ほどの展開も期待できないが、発言の場を与えられたことで、自分なりの考えを絞り出してかたちにする。しかも、そのかたちが活字になって残れば、周囲から反論を受けることもあるし、のちに自らこれを反芻することもできる。そのことが私にはとても有難かった。

制度化の罠にかかった「発達」の世界

この『発達』に書いてきた原稿の多くを、私はのちに単行本のかたちでまとめ、またこれをきっかけに『発達』以外にもさまざまなところで発言の場を与えられることになるのだが、そこでも私の立ち位置はつねにアカデミズムの枠の外にあって、そのときそのときの思いを率直に綴ってきた。いま読み直してみて未熟と言わざるをえないものが少なくないのだが、発想の根は捨て難く、再考するだけの意味はある。そう考えて、かつて自分が書いた文章に手を加え、現在の自分なりの考えや思いを補注として記す。本書はそういうかたちで編集したものである。

かっこよく言えば、過去の自分との対話である。同時に、それは自分の考えの未熟さを噛みしめる作業でもあり、現在の自分の考えがなお不十分であることを突きつけられる作業でもあった。ただ、それでもこの作業を通して、今日流布しているアカデミズムの発達心理学に対する、自分自身の批判的な視座をあらためて確認することができたようにも思う。

取り上げたのは、大きく一九八〇年代の古いもの（第Ⅰ部）と、二〇〇〇年を越えて後の比較的新しいもの（第Ⅱ部）の二つに分かれる。第Ⅰ部の「発達心理学が注目されはじめた時代に」は、一九八三年に月刊誌『児童心理』（金子書房）からの依頼で、「人間理解と発達心理学」と題して三回にわたり連載したものがもとになっている。それは、私が三〇代の半ばに、その時代状況のなかで広げたまさに「大風呂敷」である。その後、私がその大風呂敷のうちの何ほどもかたちにできなかったことを思えば、気恥ずかしいかぎりだが、そのことは措いて、再度これを押し広げて見せることがやはり必要ではないかと、いまでもなお思っている。四〇年ほども前の文章で、私自身、長く放置してきたが、そこに漂う気分は、いまも大きくは変わらないからである。

次いで、第Ⅱ部の「「発達、発達」と叫ばれるこの時代の発達心理学」は、私が五〇代から七〇歳にかけて書いた四篇を三章に編み直したものである。このころには心理学の世界でも発達心理学がずいぶんメジャーな領域になり、世間では教師たちや親たちをはじめとして、一般の人たちがさかんに「発達」という言葉を使いはじめていた。「発達障害」という言葉が日常的に飛び交うようになったのもこのころからである。

こうして並べてみると、第Ⅰ部から第Ⅱ部の最後まで四〇年近い歳月が流れているのだが、そこで語った私の議論は、基本的にほぼ同じトーンで貫かれている。しかし、その背後にある時代の変化はけっして小さくない。こうして補注を加えながら、あらためてこれを振り返る作業は、私のなかでは一種の「自己内対話」であり、あるいは時代を超えた「今昔の対話」でもある。はたしてそこから「明日への希望」を紡ぎ出す糸口が見出せるかどうか。見通しはけっして明るくはない。

ここでのキーワードは「制度化」である。そもそも学校が「発達の場」として制度化している。そして、その学校の場で重用されている発達心理学もまた、同様に制度化してきた。さらに、子どもの発達自体が、そのなかで「個体能力の発達」

として枠づけられ、制度化のなかに絡めとられている。そのことが子どもたちの育ちをどれだけ歪めているか。その思いは、私が発達心理学の世界に首を突っ込んだ当初から今日まで変わらない。いや、その思いはますます強くなって、いまや研究も教育も、そして子どもたちの生活も私たちの生活も、みな「制度化の罠」にかかってがんじがらめという気分を禁じえない。

「暗い」という認識があってはじめて「灯りをつけよう」という思いに至る

こんなふうに不平不満をたらたらと述べる文章を並べ立てて、何の意味があるのか。そう思わないわけではない。そのうえで、しかし、「それでも」(trotz dem) という思いがある。

この人生にどんな意味があるのかと問う若い女に、一晩語り明かしたのち、老教授が「まあ朝ご飯でも食べよう」と声をかける。トーマス・マンはチェーホフの『退屈な話』からこの一場面を取り出して、人生の無意味をいくら嘆いても、「それでも」なお腹は空くし、身体は食べ物を求めるものだと言う。その「それでも」という反転の思いこそが、人の生を支えているのかもしれない。

うろ覚えだが、かつてラジオで「暗いと不平を言うよりも進んで灯りをつけましょう」というカトリック教会の宣伝文句を聞いたことがある。私は、これをもじって、灯りをつけようと思うためには、まずは暗いことを認識しなければなるまいと言ってきた。ここでもまずは「この暗さがどこにあるのか」を見定めようという思いで、本書を編んだつもりである。

どこから読んでいただいてもいい。いずれも明るく夢のある話ではないのだが、それでもそこに反転の契機はあるかもしれない。これを読んでいただいた方がたに、何かしら力づけとなることがあればと思っている。

第Ⅰ部　発達心理学が注目されはじめた時代に

私は半世紀以上も昔、一九六〇年代後半に大学で心理学を学びはじめた。しかし、そのころ大学は混迷を極めていて、そのなかで大学からはじき出され、それでも見切りをつけることができずに、ふたたびこの世界に舞い戻ってきた。そこに希望を見たからというより、なんとなく未練を引きずっていたというほうが正確かもしれない。そうして私は発達心理学の古典を翻訳するという作業を通して発達心理学を学び直し、その修業時代を経てのち、一九七七年に大学の教員となった。そして、そこであらためて発達心理学を学生たちに語らなければならない立場になったとき、いったいどこから語りはじめればいいのか、ひどく迷うことになった。

たとえば、いわゆる発達心理学や教育心理学の教科書は、その当時から大量に刊行されていて、そこにはもちろん、それなりの心理学的な知識や理論が書き込まれている。しかし、その執筆者たちのほとんどが、心理学を「科学」として標榜し、自らを何よりも「科学者」であり「研究者」であると位置づけて、そのことに疑いを抱いていない。一方で、彼らはみな一様に、この時代そのものが帯びている思想性にはまったく無関心でいるように見えた。しかし、そうして思想に対してニュートラルな立場をとっているようでいて、じつはその無思想性こそがイデオロギー的ではないか。じっさい、そこにはこの時代への批判精神がかけらも見当たらないように、私には見えた。

そうしたなかで私は、たまたま月刊『児童心理』（金子書房）から求められて、「人間理解と発達心理学」と題する文章を書くことになった（一九八三年七・八・九月号）。以下、この連載の文章を、第1章「発達心理学は人間の理解にとどくのか」、第2章「人の発達を生活世界の形成過程として見る」、第3章「疎外の個体発生論に向けて」として、大きく編み直した。いま読み直してみると、いかにも若書きで未熟なものだが、私のなかにつきまとっていた発達心理学への違和感を率直に語るものではあった。読む人によっては、「ないものねだり」の議論でしかないように見えるかもしれないが、しかし、ここで語ったような問題意識をぬきに、ただ個を個として切り出してその「発達」を語るところに閉じてしまえば、結果として時代の病理をさらに深いものにしかねない。そうした懸念をやはり大事にすべきではないかと、私はいまでも思う。

第1章　発達心理学は人間の理解にとどくのか

知ることは変わること

「知ることは変わる」ことだという。知が力だとすれば、まさにそれは、知ることが自己を変える原動力になるからであろう。発達心理学もまた、一つの知であり、しかも人間を知ろうとする知であるかぎり、本来、ほかの諸科学にもまして、自己変革と状況変革への力を秘めているはずである。しかし、私自身、過去一〇余年のあいだ、(＊1) 発達心理学研究の一歩も二歩もうしろを、ウロウロよそ見をしながらついてきたが、そのなかでいつも、コレデハナイ、コレデハナイという思いに襲われてきた。「発達心理学」を看板にメシを食ってきたにもかかわらず、いまのアカデミズムの発達心理学に対して違和感を抱きつづけてきたのである。

そこで、たぶんに主観的な思いをこめて、私なりの「発達心理学」観、私なりの「人間理解」について語ってみようと思う。そもそも発達心理学とはいかなる知であるのか。この知は、はたして、人間を具体的に、そして全体的に理解することにつながりうるのか。この知によって、自分が変わることにつながりうるのか。また、世界を変えることにつながりうるのか。身のほど知らずの問いだということを承知のうえで、この問いからはじめることにする。

本章は、月刊『児童心理』(一九八三年七・八・九月号)をもとに、そのなかの七月号を大きく編み直したものである。

＊1　この一文を書いた一九八三年時点では、「過去一〇余年」という程度のことだったが、この不全感が、私のなかではそのまま今日までつづいている。とすれば、ここは「この半世紀のあいだ」と言い直さなければならない。

1　なぜ人間理解について論じるのか

心理学と人間理解

私がここで説こうとしているテーマは「人間理解と発達心理学」である。(＊2) このように大変なテーマは、老熟した学者が永年の研究の成果を踏まえて論じるべきであって、若輩の未熟者に論じられるようなものではないというのが、おそらく、世間の通念であろう。その意味で言えば、私などがこのテーマを論じるのは常識外れもいいところだが、そのことを承知したうえで、なぜ、この大それたテーマについて論じようとするのか。まずそこから話をはじめたいと思う。

心理学とは、その文字面だけで言えば、「心についての科学(＊3)」ということになる。しかし、ここで言う「心」とは何か。これについては諸家それぞれに考え方の違いがあって、これといって決まった定見があるわけではない。一般の人々のあいだでは、心理学者というと、まるで人の心のなかのことがすべて分かってしまう人間であるかのように思われていたりするが、もちろん、どれほど偉大な心理学者であっても、他人の心中を見透すことなどできない。それは一般の人々となんら異ならない。心理学は読心術ではない。

心理学は、個々の人々が心のなかで考えていることを言い当てる術ではなく、「心」の現象の研究を通して、「人間」というものを一般的にまた全体的に理解しようとする科学である。つまり、「人間理解」こそが心理学の究極の目標だと言ってよい。心理学の一分野としてある発達心理学も、また、心の現象の発達的変容を研究することによって、卵から生まれてこ

＊2　この「人間理解」というテーマが、編集者からの提案だったか、自分が言い出したものだったか、いまは思い出せない。ただ、いずれにしても、こんな大それた問いを正面から掲げてこれを論じるようなことができたのは、私がまだ若かったからこそ、とも言える。

＊3　素朴に「科学」という言い方をしているが、これをどう見るかということ自体が議論となる。そもそも「心の科学」とは何か。これを自然科学などの「物の科学」と同列に論じることができるだろうか。アカデミズムの心理学は、この二つを明確に区別せず、「物の科学」である自然科学に範を取って、説明科学たろうとしてきた歴史がある。

の世に誕生し、やがて死んで土に還るまでの人間の姿を理解する。(＊4) そうした科学を目指すものだと言ってよい。

このように心理学は、究極的に人間理解を目指す科学だと言って、これに異議を唱える人はまずいないであろう。しかし、心理学の研究者たちなら、おそらくここで、「究極的に」というところにアクセントをおくにちがいない。「人間」を理解するなどという大変な問題は、直接アタックして解決のつくものではない。あくまで、個々の心の現象を解明することを通して、その究極においてはじめて到達できる問題だというわけである。だからこそ、「人間理解」などという大テーマは、老練の学者の専売特許になる。まず個々の心の現象を個別的に研究して、一つ一つの分野に研鑽を積み、そののちにはじめて諸分野を統合する視野に立って、全体としての人間の理解を試みるのが、ものの順序だというわけである。わざわざ口に出してそうは言わないにしても、それは研究者のあいだの暗黙の了解になっている。ところが、この常識のなかに、じつは、ひとつの錯誤がひそんでいる。

部分と全体

人間を理解するといっても、その人間という全体に直接アプローチして、それを一挙につかめるわけではない。したがって、最初は、まず人間の心的な現象を部分的に一つ一つ追って見ていくしかない。つまり、部分の探求からはじめて、次いで人間という全体の理解へ向かう、それ以外にない。そこまでは右の常識の言う通りなのだが、問題は、その部分を部分として単独に研究できるのかという点である。部分は、当然ながら、全体のなかの部分である。つまり、その部分の意味の如何は、全体との関係によって決まってくるのであって、部

＊4　人間を「理解する」というのは、これを「説明する」のとは違う。人間の行動を「因果」の流れで説明し、先の予測を目指す「科学」と、行動をその内側からの「理由」によって理解し、たがいの納得を目指す「科学」というふうに対比すれば、そこにじつに大きな違いがあることに気づく。前者を「説明科学」、後者を「理解科学」として対置すれば、その科学性はおのずと異なる。アカデミズムの心理学はもっぱら説明科学たらんとして、理解科学として自らを立ち上げる努力をしてこなかったように見える。

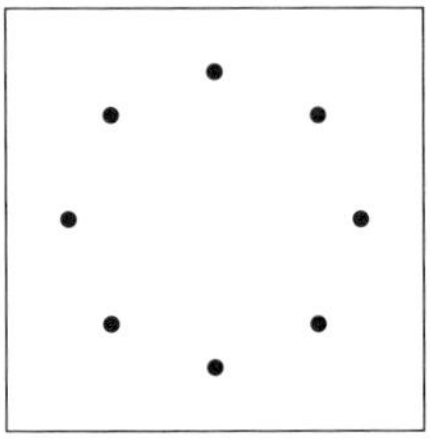

図1　全体は部分の総和以上のものである

分はそれ自体で意味をもつのではない。

ゲシュタルト心理学の有名なテーゼに、全体は部分の総和を超える、というものがある。(＊5) たとえば、図1は八つの黒い点からなっているが、それを全体として見れば、そこにはひとつの円が見える。ひとつひとつの黒い点には、円を想起させるようなものは何一つ含まれていないにもかかわらず、それが八個配置された図は、そこにひとつの円を浮かびあがらせる。逆に、この全体としての円を分析していけば、八つの黒い点にたどりつくが、この黒い点をいくら突きつめても、そこに円は登場してこない。全体は部分の総和を超えているのである。

あるいは、同じひとつの部分が、どういう全体のなかにおかれるかで、まったく異なった意味を帯びるというのもよくある現象である。とくに、知覚の分野には豊富であるが、それ以外の分野にも頻繁にその例をみることができる。(＊6)

たとえば、ある種のヤドカリは、イソギンチャクと共生関係にあって、ふだんはそれを自分の殻のうえにのせて、外敵である魚を遠ざけるという。そこで、まだイソギンチャクを殻にのせていないヤドカリは、イソギンチャクに出会うとそれを殻にのせようとする。ところが、このヤドカリがたまたま殻をもっていなければ、イソギンチャクを殻の代わりにしようとするし、さらに空腹のときにはイソギンチャクを食べようとさえする。つまり、ヤドカリは自分自身の全体的状況に応じて、同じイソギンチャクを、防御的意味をもつものとして見たり、あるいは住居的意味、食糧的意味をもつものとして見たりする（注1）。

これは別に特殊な現象ではない。人間などの可塑的な動物になればなるだけ、全体の状況

＊5　これは知覚についての話だが、ほんらいのゲシュタルト心理学はこのゲシュタルト性を知覚領域に限らず、あらゆる領域に通じる一般原理として重視した。ただ、ここで見逃してはならないのは、この原理があくまで人が生きる体験世界、つまり人がその身体の渦中から周囲世界をどのように体験しているかについての原理だということである。この原理を人間の生活世界のありようを知るための原理として理解しようとする姿勢が、いまの心理学にどれほどあるだろうか。

＊6　同じ物理的環境を与えられても、生体は自分のなかに具えている知覚器官・運動器官に応じるかたちでしかそれを捉えることができない。言い換えれば、生体はみなその種に具わった知覚器官・運動器官に応じて、それぞれ自分の生きる世界を切り取り成形している。これがユクスキュルの「環世界 Umwelt」論である。ここにおいて「意味」の問題が重要なものとして浮かび上がってくる。「意味」とはつねに「当の主体」

に応じて物の意味づけや行為の意味が変わるという現象は、さらに顕著になる。また少しちがう例を引こう。同じしゃぶるという行為でも、新生児では吸啜の原始反射として自動的に生じるし、一カ月すぎの赤ちゃんでは、反射的吸啜が意図的な行動になり、やがていわゆる指しゃぶりという習慣的行動にもなっていく。さらにもう少し大きくなると、手に持ったオモチャを口でしゃぶって確かめる行動になり、あるいはアメをしゃぶりアイスクリームをなめて味わう食事行動にもなる。さらに、おとなになれば、性的行動のひとつとしてこの同じ行動が使われもする。いずれも、ものをしゃぶる行動だという点では同じでも、その意味は、当の行動のおかれた全体的な文脈に応じて異なってくる。

現象世界に見られるこの「部分―全体」の相互性は、その研究においても認められねばならない。つまり、人間のどの「部分」事象を扱うばあいにも、そこではつねに、人間というものについての「全体」理解が前提されていなければならない。全体を理解するためには部分を究明せねばならないが、他方で、部分を十全に究明するためには全体が理解されていなければならない。この「部分―全体」の相互性は、逆説的に見えるが、この逆説こそがまさに真実である。

その点で、部分からはじめて全体にいたるという考え方は、一見、謙虚に見えるが、それだけではかえって無責任で危険な態度にもなる。たとえば、発達心理学のなかでも、今日、もっともめざましい展開をみせている認知能力の研究について考えてみよう。

にとってのものであり、その「主体の視点」によって切り取られた意味によって生活世界は構築される。ところが、人間の行動をその外から説明しようとする心理学では、この「意味」の問題がまっとうなかたちで論じられることがないように、私には思える。

注1　ユクスキュル／クリサート（著）日高敏隆・羽田節子（訳）『生物から見た世界』（岩波文庫、二〇〇五年）

能力と世界

人間には事物・事象を認識する能力があり、そのもろもろの能力について、客観的な観察や実験の手続きをへて、多くの事実が見出されている。そこで得られた知識が、人間理解のためのひとつの礎石になることは確かである。しかし、そもそもその認知能力を、人間という全体のなかから切り出して見るというのは、どういうことであろうか。あるいは、そのようにして探り出された認知能力は、人間にとってどういう意味をもつのであろうか。(*7)

こんなことを言うと、人間は物事を見聞きし、言葉をしゃべり聞き、文字を読み書きし、物の数を数え、大きさを測り、思考をめぐらし、意見を交わし、あるいは今日ではさらに複雑な情報処理を行ったり、技術操作を用いたりして、この社会を維持しているのだから、人間にさまざまの認知能力が必要なのは当たり前ではないかと言われるかもしれない。たしかにその通りであろう。じっさい、だからこそ各個人が、その個々の認知能力をどこまで獲得しえているかを問題にするし、発達心理学では、子どもがどういう能力を、いつ、どのようにして獲得するのかが主要な問題になる。そして、その問題範囲のなかで考えたときには、認知発達の問題は、子どもという一人の生活主体をどう理解するかを離れて、それ自体として十分研究できるように見えるし、それ自体で重要な研究になるように見える。ところが、じつは、そこで下手をすれば、子ども自身にとってもっとも重要であるはずの問題がすっぽり抜け落ちてしまう。

たとえば、学校などで身につけることを求められる認知的な諸能力は、その「将来」にとって役立つものになるのかもしれない。しかし、子どもが子どもとして生きている「いま」において、学んで身につけたその認知能力はどのような意味をもっているのであろうか。こ

＊7　一九八三年当時、発達心理学においてはピアジェの認知発達論あるいは発生的認識論が隆盛を極めていた。そのピアジェが亡くなったのが一九八〇年である。ピアジェの理論はいまでも発達心理学の教科書で重要な位置を占めているが、最近は認知能力の発達に加えて、「非認知能力」の発達ということを言う論者が多くなって、一見、心理学の捉える世界が広くなったように見える。しかし、認知であれ非認知であれ、それを個人の「能力」として取り出して、その発達を論じるかぎり、それはいずれも同じパラダイムの下にあるように、私には見える。私がいまでも強調したいのは、能力自体やその発達ではなく、当の能力を使って子どもたちが生きる、あるいは私たちが生きる「生活世界」のありようである。

れを子どもはどこでどう使って、具体的に何をし、どういう生活世界をつくり上げているのだろうか。世間で大事だという認知能力について、おとなたちがその教育・開発に力を注いだとして、そもそも個々の子どもにとって、その能力、その学習が、たったいまどういう意味をもつのか。この子どもにとっての「いま」の視点を見失ってしまえば、問題の本質が大きくそらされてしまう。

子どもの認知能力は、それを使って子どもが描き出す生活世界の部分に過ぎない。(*8) この認知能力という部分の発達を、それ自体で独立に論じられるかのように考える研究者は、結局のところ、人間をひとつの情報処理装置として扱っているのではないかとさえ思われる。たしかに、人間は膨大な情報処理能力をもっているし、それが現実の社会を生きていくうえで重要な能力であることは否定できない。しかし、そのことを認めたうえで、肝心なことは、能力それ自体ではなく、その能力でもって人がどういう生活の世界をつくり出しているかである。

今日の多くの心理学者たちは、能力自体に目を向けるのみで、子どもが、あるいは人間がその能力でもって展開し構築する世界にはほとんど目を向けようとしない。個体が身につける能力に着目した個体能力論は心理学の世界にあふれているが、その個体能力をもちいてつくり出す生活世界を具体的に描こうとする生活世界論は、心理学の世界ではマイナーな位置におかれてしまっている。人間とは世界であって、能力ではない。全体への考察のない部分の研究は、人間理解をかえって危うくさせる。

非反省的な人間観

部分から全体へという過程は、全体から部分へという過程に裏打ちされなければならない。

*8　この能力と生活世界の関係は、先に述べた部分と全体にかかわる。その意味で人間の生活世界のありようこそが問題であるのに、これを能力の問題に還元してしまう発想が、今日の発達心理学においてもなお目立っている。そこでいくら部分を積み上げても全体にたどりつくことはないと、私には思える。

そうだとすれば、人間理解は部分の探求の末に到達すべき最後の目標だというわけにもいかない。人間理解などという全体的な問題は、部分を究めてからだと主張し、もっぱら部分の研究にこだわる研究者たちでも、じつはその出発点において、何らかの人間理解を念頭においている。そして、その漠然とした暗然裡の人間理解が、その後の思考の筋道を規定している(*9)。

歴史学をはじめようとする者が、「歴史」についてあらかじめ何らかの先入見をもっているように、心理学をはじめようとする者は、「心」について、あるいは「人間」についてある先入見をもっている。客観的な事実を積み上げていきさえすれば、そのうえに調和のとれた全体的体系が出来上がってくるかのように思い込んでいる楽観的な研究者たちにも、「心」や「人間」についての素朴な先入見が浸透している。しかも、その先入見は非反省的であるだけに、その時代のイデオロギーを強く反映する。

たとえば、認知発達の心理学が隆盛を誇っているこの現実の背後には、現代の人間は科学技術文明のなかで高度の情報処理装置たるべく期待されているというイデオロギー状況がある。そうした今日的な人間観が、科学と称する研究のなかに深く浸透しているのである。だからこそ、そうした非反省的人間観に巻き込まれる前に、一歩ふみとどまって、「全体としての人間」について思いをめぐらさなければならない。「人間理解」という大テーマは、けっして偉大な老学者の特権ではない。むしろ、人間にかかわる研究を行う者の責務ではないのか。

こうして「人間理解と発達心理学」というテーマに考えをめぐらしてみて、私はこの人間理解と発達心理学のあいだに大きな懸隔があることにあらためて気づく。発達心理学をよく

*9　そもそも人間を「説明する」対象と見るかぎり、その「見る」視点は当の人間の外、言わば「神の視点」にあって、人間の行動を外から観察し、実験して、その法則性を見出し、それによって人間の行動を予測し、操作するという発想に陥る。そこには与えられた身体でもって、その渦中から一個の主体として環世界を生きていく人間の姿が浮かび上がってこない。結果として、そこには人が内側から生きる「希望」も「絶望」も、あるいは「未練」も「後悔」も原理的に登場する余地がない。じっさいアカデミズムの心理学を象徴する教科書あるいは辞典を調べてみると、そこには「希望」「絶望」「未練」「後悔」などの語を見出すことはできない。いまの心理学にはこれらの概念は不要ということなのであろう。私はいつのころからか、こうした心理学の現況を揶揄して「心理学に希望はない」とか、さらに「心理学に未練はない」などと冗談めかして言うようになった。

学び、その知見を活用すれば、人間を、そして子どもをよりよく理解できるのではないかというのが、一般の人々のもつ当然の期待かもしれないのだが、現実には、この期待が満たされることはない。いや、一見満たされたかのように見えるばあいでも、よく見ると、そこには奇妙なすれちがいがある。

2　発達心理学の制度化

どうして発達心理学でメシが食えるのか

たとえば、私たちのように「発達心理学」でメシを食っている人間がいる。(*10) つまり、発達心理学という学問あるいは研究がひとつの職業として成り立っている。それはなぜだろうかと考えてみる。

農業が職業として成り立つのは、もちろん食糧がなければ人間は生きていけないからで、農業は、食糧供給に役立つがゆえに職業として成り立つ。それと同じ理屈で言えば、発達心理学は何かに役立つ、だからこそ職業として成り立つのだということになる。それでは何に役立つのか。同じ科学でも自然科学のばあいには、自然現象を理論にしたがって計画的に変化させる技術を生み出してきた。それゆえ、その技術の是非はともかく、これが役に立つという点に異論はない。たとえ、それがその技術が原子爆弾の製造技術であっても、物理学の理論にしたがって予想した通りの効果を生むという意味で、良し悪しは別にして、役立つことは役立つ。

その点、人間科学になると話が微妙になってくる。たしかに発達心理学なども、知能や性

---

*10　この文章を書いた同じ年に、私は『発達』一三号で「発達心理学の位置」と題して、次のようなことを書いている。「私は「発達心理学」をメシのタネにしておりながら、どうもそれにアイデンティティを感じられないでいる。いや、むしろ現代の発達心理学に強い違和感を抱いている。といって「反発達」を説くほど勇ましくないのだが（注：山下恒男『反発達論』現代書館、一九七七年）、なにしろ、人は卵と精子の合体からはじまって、やがて一個の個体として誕生し、大きくなっておとなとなり、最後には老いて土に還っていく。この動かしがたい「生の流れ」がある以上、それを「発達」と呼ぶかどうかはともかくとしても、そのこと自体にはしっかり目を向けなければならない。かと言って、いわゆる発達研究の今日的動向にはあまり熱心になれない。現に心理学と名のついた学会には属さず、むしろ心理学に対しては、いつも外野席から眺めている気分がある。」

格などの診断技術や、また障害児に対する療育技術、一般の教育技術を生み出してきた。しかし、これが自然科学の技術のように、理論に従ったかたちで直接に実効性をもつかというとあやしい。少なくとも、明確に、客観的なかたちでその効果が確認された技術があるかと言われれば、即座に答えられない。人間を扱う技術というのは、そういうあやふやな効果しかもちえない。しかし、そんなあやふやな学問が、立派に職業として成り立つ。なぜなのか。

それは、この学問が一般の人々から専門的科学として期待され信頼されているから、つまり、じっさい、に役立つかどうかはともかくとして、役立つと信じられているからである。学問の制度化は、一般の人々がその専門的な学問に期待し、信頼をするところからはじまる。つまり、一般の人々が期待し信頼を寄せるだけの「大衆化」がなされているところで、学問が学問として「専門化」し、この学問の研究を生業とする人々が生まれ、あるいはその学問を応用した技術を身につけ、これを稼ぎの場とする人たちの登場を促して、これが「職業化」につながっていく（注2）。

役立つことと使われること

たとえば、占い師が今日でもなお、細ぼそとではあれ、商売として成り立っているのは、占いがじっさいにあたるかどうかではなく、少なくとも一部の大衆から、占いを使えば、それがあたると信じられているからである。発達心理学と占いを一緒にしたのでは叱られそうだが、それが使われて職業として成立する構図には似たところがある。実際に役立つかどうかではなく、役立つと信じられているから使われ、そして役立たなかったことを立証しがたいがゆえに信じられつづけ、使われつづける。自然科学以前の呪術が、長いあいだ棄てられることなく続いてきたのも、それが役立っていたからではなく、役立つと信じられていたからである。

さらに奇妙なことに、どういう根拠によってかはともかく、いったん使われるようになったものは、それ独自の力をもつようになる。たとえば、エディプス神話はその一つの比喩的な例である。この物語では、エディプスについての予言が彼の運命を支配する。エディプスの両親は、神の託宣で実子エディプスが「父を殺し母を娶る」という予言を受けたがゆえに、エディプスを捨てたのであり、エディプスもまた大きくなったのちにその同じ予言を受けたがゆえに、実親と思い込んでいた養父母のもとを去って、その旅の途中、実父を実父と知らず殺し、行きついた国で、実母を実母と知らず娶ることになった。もしエディプスが神の予言を聞くことがなければ、彼の運命は変わっていたはずである。このようにして予言は、予言される当の人間事象を左右して、それによって予言は実現する。(＊11)

神のお告げが正しいかどうかは別にして、お告げを信じた者は、それに従って行動する。良かれ悪しかれ、お告げがその人の現実を動かすのである。知能検査や発達検査のばあいも同じように(＊12)、それが何に対してどういう意味で役立つのかは別にして、とにかく使われて子どもに適用されると、これが子どもの現実を左右する力をもつ。たとえば、就学時の学校選択や福祉施設への措置、「障害」児・者の認定には、知能指数や発達指数が判定の指標として使われ、子どもの進路を、ひいてはその将来の生活全体を左右する。ただし、その判定に基づく措置が、対象である子どもにとって、本当の意味で役立つという保証はない。むしろ

注2　こうした議論は広重徹『科学の社会史』（中央公論新社、一九七三年）や佐和隆光『経済学とは何だろうか』（岩波新書、一九八二年）による。

＊11　これを「自己成就的予言」あるいは「自己実現的予言」と呼ぶ。予言がこのようにして当たることを「ピグマリオン効果」とも呼ぶ。これはけっして特異な例ではなく、人間世界には始終生じている現象で、きわめて興味深い。

＊12　「知能検査」は二〇世紀のはじめ、ビネらによって考案されたものだが、もともとそれは知的障害の診断を下し、それによって障害をもつ子どもたちを学校で「教育可能」かどうか、あるいは一定の訓練施設で「訓練可能」か

心理判定は、対象とする子どもを「知的障害児」と名づけることによって、その子を「知的障害児」にすることさえある。これはピグマリオン効果そのものである。

ここに「役立つから使う」のではなく、「使われるから役立つ」（つまり良かれ悪しかれ現実を動かす力をもつ）という、逆立ちした状況が生じる。科学であれ占いであれ、大衆化して、役立つと信じられ、これが専門化し、職業化して、社会システムのなかで使われ、そこにしっかり位置づくようになると、もはやそれをぬいては事が進まなくなる。

専門的体系性と教科書化

もちろん、心理学を職業としている人たちは、こういう言い方を好まないであろう。彼らの多くは、制度として組み込まれていようといまいと、心理学は客観的事実を提示し、解釈し、理論化し、さらにこれに基づく技術を開発することによって、現実の役に立ち、人々に寄与しているのだと思い込んでいる。また大衆もそう信じている。この大衆の学問信仰があってこそ、学問の専門化、職業化が成り立っているという事実を看過することはできない。

もちろん、学者が学問の正しさを自負し、大衆がそれを信じるという相互の思い込みだけで、学問が確立されるわけではない。学者の自負を支え、大衆の信頼を築くのは、その学問自体のもつ揺るぎなき論理であり合理性である。つまり、学者も大衆もともに信じることのできる根拠体系が確立されていなければならない。じっさい、物理学などの自然科学のばあいは、論理的に思考する誰もが認めざるをえないだけの理論体系があり、それを裏づける精緻な数量化がなされていて、さらにはその理論に従って実際に自然を大きく変化させうる技術体系がすでに確立している。それらは研究者たちや技術者たちが自負するに足るものであ

どうか選別するために開発されたものであった。この心理学的診断の下に、障害児を健常児とは別の学校に行かせるという「別学制度」がはじまって、わが国ではそれが二〇二〇年を過ぎたいまも基本的な教育体制として定着している。いま文部科学省は表向き「インクルーシブ教育」を推進するなどと述べているが、それはまったくの名ばかりで、別学体制はかつてに比べてもさらに強固になっているように見える。そのなかで知能診断技術は「使われている」が、それはどういう意味で「役立っている」と言えるのだろうか。因みに、上の文章を書いた一九八三年は、養護学校義務化が施行された一九七九年から四年後のことで、当時はこの別学体制に対して、すべての子どもたちを普通学校へという「共生・共学」運動がさかんだった。

り、大衆が畏怖するに十分なものである。(＊13)

ただ、考えてみれば、呪術や占いにも十分人を驚かすだけの理論体系があり、だからこそ、呪術師、占い師は専門家としての自負をもつことができ、大衆の一部はこれを信じて、ときにその信じる専門家に判断をゆだねている。そうして見ると、話は単純でない。心理学においても、専門家たちは一定の理論体系と技術体系をもって自らの専門性を誇示し、大衆がこれに期待しているという構図に変わりはないし、もちろん、その理論体系は占いや呪術などよりはるかに普遍的、客観的だと言ってよいかもしれない。しかし、それでも心理学には自然科学に見るような共通原理はなく、数量化も部分的で、その理論体系、技術体系になお十分な普遍性があるとは言えないし、いまでもなお基本的なレベルでの論争が絶えない。

自然科学においては、その最先端や周辺部分での論争はあるにせよ、基本的な部分では確たる理論があって、数量化に裏づけられたかたちで標準教科書が成立している。一方、心理学の世界には、これと同じ意味での標準教科書はない。(＊14) そもそも方法論のレベルで、数量化を目指す考え方と質的な記述に依拠した考え方が対立し、あるいは並立している状況にあるし、数量化についても、工夫を凝らして限られた領域で一定程度これに成功しても、その適用範囲は部分的でしかなく、およそ全体には及んでいない。こうした現実のなかで、心理学がこの社会のなかで制度化を果たすべく標準教科書化を目指すとき、そこで行われるのは心理学関連学会において優勢を占める諸理論を接合し、あるいは並列したものとしかならない。

しかも、この「教科書化」は、考え方の斉一化を推進し、そこからはみ出す考えの持ち主を排除する方向に進む。次世代の研究者を養成する大学や研究機関では、学会誌に掲載した業績を判断の基準にして、人事が争われるし、この学会誌への論文掲載の可否は、当然、教

＊13　ただし、自然科学がもたらした技術体系がいかなる意味でこの人間世界に役立つかは、また別問題である。たとえば、現代物理学がもたらした原子力技術は、人類に一見明るい未来を提供するかに見えて、他方で人類の破滅すら予示する危険性を帯びている。

＊14　もちろん、心理学を専門とする教員が大学に雇用され、その講義が大学のカリキュラムに組み入れられている以上、「教科書」を作成し、これを講義で用いるのは当然で、現に、大学で「心理学」の講義に用いられる「教科書」は膨大に積み上げられている。ただ、その内容はどれも似たり寄ったりで、それでいて物理学や化学においてのように統一的な説明原理に基づいた「標準教科書」はない。じっさい、先にも述べたように、心理学は「神の視点」から人間の行動を「説明する」のか、それとも当の人間の生きている「渦中の視点」からこれを「理解する」のかさえも明示的に示されてはいない。アカデミズムの心理学はとかく前者に傾くが、そのパラダイムの下で捉えられる人間行動は限られている。

科書化した理論を前提にして審査される。とすれば、既成の理論・技術体系の「教科書」的な考え方が、淘汰システムとして働くことにもなる。

発達心理学をめぐる三つの閉じた環

さて、ここで考えたいのは心理学のなかでもここ数十年で急成長してきた発達心理学である。発達心理学が現代の社会組織に組み込まれ制度化されていく過程にはいくつもの要因が錯綜している。整理する意味で、これを簡単に図式化しておこう（図2）。

発達心理学の対象となる人間は、単に客観的存在ではない。生理的身体として見れば、人間という生き物が種として変化するのにはまさに数万年、あるいは数十万年単位の時間が必要である。しかし、心理社会的存在としての人間は、時代の社会文化的状況の影響を受けて、その生きるかたちをさまざまに変容させてきた。たとえば、今日の社会文化的状況は、科学技術文明に依拠した資本主義的経済体制の下にあって、一般に、個々の人間がその体制下で要求される個体の諸能力（とりわけ情報処理にかかわる認知諸能力）をどれほど開発しうるかに主たる関心が向けられているし、現に、その能力開発の度合いによって、職業や地位が決まり、結果としてその生きるかたちが大きく規定される。それゆえ多くの人は、自らの生活世界全体のなかから、その一部に過ぎない認知諸能力の部分を差し出して、これでもって自分を代表させようとする。一方、発達心理学者たちもこの同じ社会思想的イデオロギー状況下に巻き込まれて、認知諸能力の発達を重視し、対象となる人間から認知諸能力の発達という部分を抽出して、研究をそこに集中する。つまり、研究の対象となる人間が個体の認知諸能力を前面に押し出した生き方を示し、一方、研究者たちもまた、その対象となる人間か

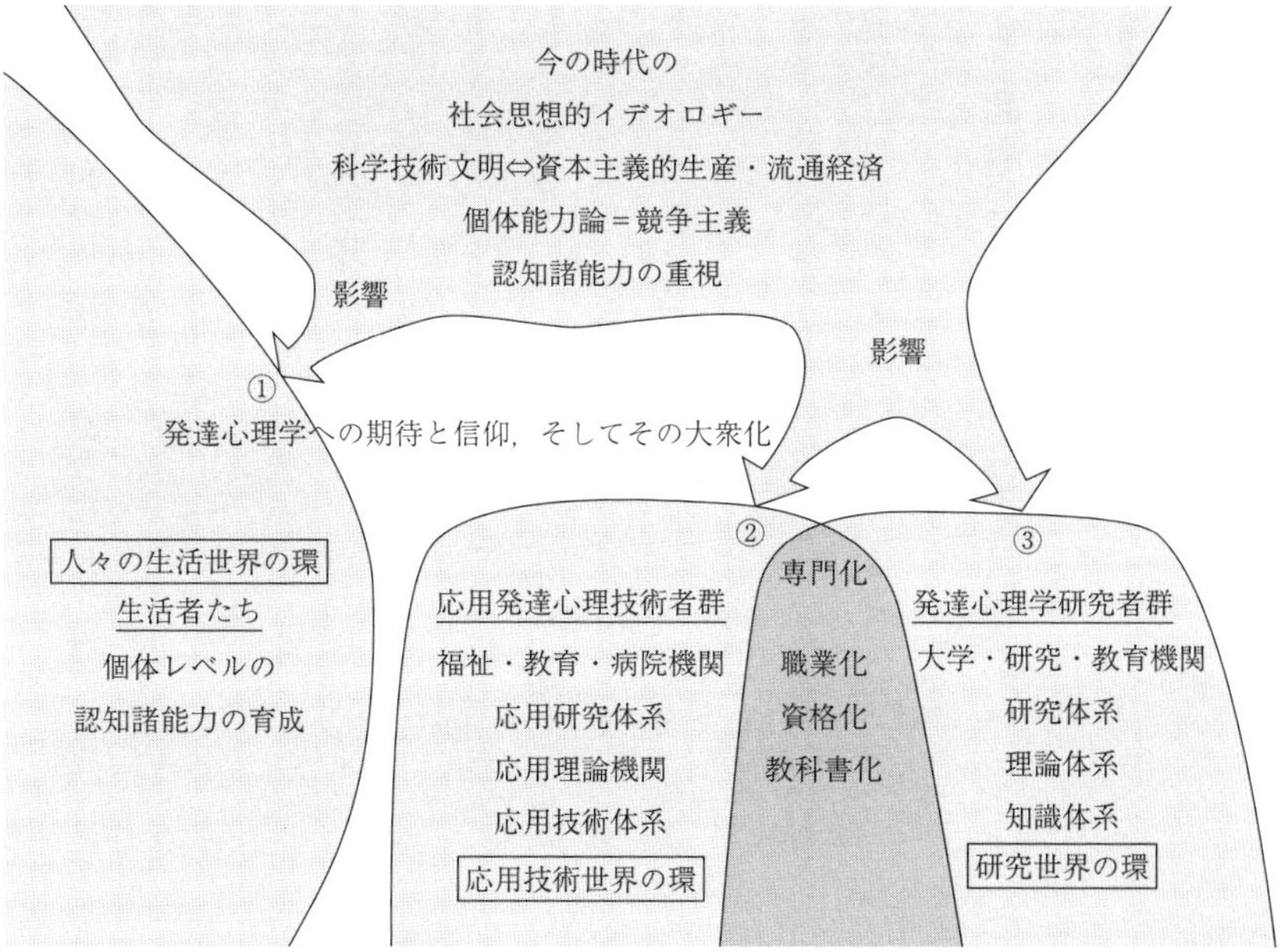

図2　発達心理学をめぐる制度化

ら個体の認知諸能力を抽出して研究する。そうなれば、認知諸能力の発達を軸においた発達論の枠組が相乗的に強化され、人の認知能力的側面がその人の生活世界全体から分断、抽出されていく[*15]（図2の①）。

　このような社会文化的状況の下に、大衆は、発達心理学に対して個体の認知諸能力の開発・養成のために役立つものとして信頼を寄せ、期待をかけ（大衆化）、また、発達心理学者の側でも、それに応えるかたちで、理論・技術体系を構築して専門性を高め（専門化）、職業としての発達心理学を確立し、その職能を資格化

＊15　上の文章を書いた一九八〇年代には認知諸能力の発達が研究の中心だったが、昨今は、この認知諸能力の発達に加えて、非認知諸能力の発達が強調されるようになっている。ただ、ここでも認知能力を十全に発揮するためには非認知能力の支えが必要だとの考えが基本となっているように見えるし、さらに問題は、認知能力・非認知能力のいずれもが個体レベルの能力としてその伸長が期待されていて、その諸能力を使って子どもがどのような生活世界を描いているかが問題意識に前面に出ていないことにあるように思う。

して、世間に人材を派遣する（職業化）。また、発達心理学を専門とする研究者の内部においては、理論・技術体系の整合斉一化（教科書化）がすすめられ、これが次世代の研究者・専門家の淘汰システムとして機能する。(＊16) 発達心理学をめぐる応用技術世界の環も（図2の②）、研究世界の環も（図2の③）、このようにして閉じる。

こうして発達心理学の研究・技術の環が①②③という三重の意味で閉じたとき、ひたすらいまの社会文化的状況を是認したところで、発達心理学は時代や文化への批判的な目を失う。結果として、人の生きる生活世界の全体を見失い、人が生きていくうえで欠くべからざる大事な問題が、この研究・技術の環から漏れ落ちて、しかもそのことに気づかないということになりかねない。ここまで言うと極論に聞こえるかもしれないが、少なくともそうした危険性があることは認識しておかなければなるまい。発達心理学が社会システムにおいて制度化され、このような閉じた系をなしてしまえば、発達心理学と人間理解とは、結果として大きくすれちがう。じっさい、その制度化の下にあってこそ発達心理学の専門家は、「人間理解」などという野暮なことを言わずとも、学者・研究者としての地位、あるいは心理士としての地位は保全され、そこでメシは食っていける。

3　発達心理学の定義にみる自己規定

児童心理学から発達心理学へ

ところで、発達心理学という名称が一般の人たちにも流布して、広く用いられるようになったのは、さして昔のことではない。つい最近まで、むしろ児童心理学という名称のほうが

＊16　心理職の資格化問題は、上の文章を書いたちょうどそのころ、臨床心理学をはじめとして心理学関連の諸学会で議論されていて、以来四〇年間にわたって議論の的となってきた経緯がある。とりわけ日本臨床心理学会では、「臨床心理士」の資格化を目指すグループが分離独立して日本心理臨床学会を立ち上げて、一九八八年から資格認定を開始し、その養成課程の人事構成をめぐって大学の教員人事にまで大きな波紋をもたらしてきた。因みに、その後、子どもの発達をめぐって、発達心理学会・感情心理学会・教育心理学会・パーソナリティ心理学会の学会連合の下、二〇〇二年に臨床発達心理士制度がはじまり、さらに二〇一七年には国家資格として公認心理師制度が施行を開始している。この資格化によって心理学の制度化が言わば「完成」するが、これを単純によろこぶことはできない。

一般的であった。ところが、いまでは発達心理学の花盛りである。「児童心理学」から「発達心理学」へのこの名称の変化にはどういう意味があったのだろうか(＊17)。

児童心理学は単に「子どもの心理学」というにとどまらない。そこでは、むしろ「子ども」の側に重点があって、子どもの心性の独自性を前提にした児童中心主義的傾向の強いものであった。ドイツのモイマンが「子どもから」をスローガンにし、エレン・ケイが「子どもの世紀」をうたったように、二〇世紀初頭から、ルソーの「子どもの発見」を引き継ぐ「子どもの再発見」と子どもの権利擁護を目指す思想的潮流が形成され、児童心理学も、その一つの支流として運動の一端を担ってきた経緯がある。しかし、この児童中心主義的な児童心理学には、ロマンティックな直観的心情に流される傾向があって、客観的な裏づけを欠いたものになりがちであったため、厳密な学問としての地位を与えられず、心理学のなかでも明確な位置が得られなかった。藤永保によれば、「発達心理学という名称には、一つは右のような学問的地位からの脱却と、科学としての再体制化への希求がこめられている」という(注3)。その発達心理学が、いまでは心理学のなかでも花形的存在となって、科学としての体裁を確実に整えつつある。

しかし、学問的地位が高まるほど社会のなかへの制度化の度合は強まり、科学化が進むほど科学の対象となりにくい部分は切り捨てられていく。「子どもから」のスローガンに導かれた児童心理学が、子どもの全体性を希求し、その背後に時代への批判精神を宿していたのに対して、科学としての発達心理学は、客観的実証性を目指して、結果として、具体的な全

注3　藤永保『発達の心理学』(岩波新書、一九八二年)

＊17　上の文章から一〇年余り後に、私は大先輩の岡本夏木先生と共著で『発達心理学入門』(岩波書店、一九九五年)を出すことになるが、そのなかで岡本先生は「十年ほど以前なら」人から「専攻は?」と問われて「発達」と答えると、相手はそれで満足してくれたが、いまは、さらに「何の発達を?」と聞きかえされると書いている。たとえば「乳児期初期の模倣について」とか「幼児の象徴遊びについて」とか「小学生の算数能力について」とかというように、どの時期のどの能力や現象についての専門家であるかが問われるようになったというのである。専門化がそこまで進んでしまえば、もはや「児童心理学」をやっているなどという大雑把な言い方では誰も納得してくれないのかもしれない。

体性を放棄しているように見える。

科学的な発達心理学の対象領域

発達心理学がその対象となる「発達」をどのようなものとして考えているか、その具体的な定義から考えてみる。[*18] 以下の定義は発達心理学のスタンダードな教科書から引いたものである（注4）。

「人の、(1)個体としての生命活動は、受胎の瞬間からはじまり、死に至るまでつづく。この(2)時間的経過の中で、生理的・身体的・精神的に、さまざまな変化が生ずる。その(3)変化のうち(4)偶発的なものや一時的な状態の変化と考えられるものでなく、(5)方向性をもって進行し、ある程度持続的、構造的な変化とみなし得るものを、発達という。」

この定義は、今日の発達心理学の目指すところを非常に明瞭に示している。この定義に表された五つの規定を一つ一つ取り出して、現代の発達心理学がその対象領域をどのように自己規定しているかを見てみることにしよう。

(1)　個体としての生命活動

発達心理学のみならず、一般に心理学が個体の活動を対象とすることは自明だと思われている。人間は、母の胎内から生まれ出て、へその緒を断たれたそのときから、皮膚表面でも

＊18　発達心理学の研究がどんどん細かい領域に分化しているいま、もはや「発達とは？」というような定義をあえて問題にする人はあまりいない。しかし、「発達」という現象をどう捉えるか次第で、そこにはまったく異なる人間観が登場する。その意味で、やはり定義の検討は欠かせないし、そこから見えてくることの確認は大事である。ここに上げた定義は、いまから四〇年も前のものだが、発達心理学が科学としてその対象を明示しようとすればこうなるという定義で、発達心理学が人間の何をみようとしているのか、あるいは逆に、この見方では何が見えないかがはっきりしてくる。

って周囲と隔てられた一個の個体であることを強いられている。どうがんばってみても人間は一人なのである。それゆえ、心理学が個体の活動を対象とするのは当然のことだと思われている。しかし、物理的身体としてみたときには、人は他者とはっきり隔てられていても、心的現象としてみたときには、その個体性はけっして自明ではない(＊19)。

たとえば、「目が合う」という現象は、単に個体のもつ視覚能力に還元できるであろうか。発達心理学者のファンツは、三カ月ころの赤ちゃんに図3のような絵柄を見せて、他の絵柄よりもこの人の顔状の絵柄をよく見るという事実を見出して、赤ちゃんには早くから、物よりも人的な刺激パタンに好んで目を向ける傾向がある、というふうに説明した。そうして、この現象を個体のもつ能力に還元しようとしてきた。しかし、じつは、この説明では、赤ちゃんが人の顔、あるいは目をよく見るということを説明できたとしても、赤ちゃんと他の人とのあいだで目が合うということを説明したことにはならない。目が合うということは、他の物を見るのと同じように人の目を見ることではない。自分が相手を見ると同時に相手から見られるという、〈見る―見られる〉の相互性、関係性にこそ「目が合う」ということの本質があるからである。「見られる」とか「触られる」とかいう感覚はきわめて原初的な感覚であって、この受動の感覚そのものが、本来、他者を想定していて、そこでは他者との共同的なあり方が予定されている。

人間を全体的に捉えようとするならば、人がその身体性においてどうしようもなく「個体」であるという個別性と同時に、同じくその身

図3　ファンツの顔様の刺激パタン

注4　詫摩武俊・飯島婦佐子（編）『発達心理学の展開』（新曜社、一九八二年）。傍線は筆者。(1)、(2)、……の番号は、以下の記述の番号に対応する。

＊19　人はそれぞれに与えられた身体で生きる以上、「生まれるのも一人、死ぬのも一人」という個別性を強いられている。このことを私は後に「本源的個別性」と呼ぶことになる。あるいは、どうあがいても、与えられたその身体の位置から生きる以外にないという意味で「本源的自己中心性」と呼んでもよい。しかし、この背後でもう一つの「人間の条件」が浮かび上がる。それが「本源的共同性」である。つまり、人は他者身体に囲まれた世界に生まれ、その身体を通して他者と通じ合ってしまう。そうした共同性を強いられていると言ってもよい。人はこの本源的個別性と本源的共同性の両義を、まさにその身体において生きる以外にない。この両義性はどのような生き物にも大なり小なりあるが、人間の場合はとりわけこの共同性の側面が大きな役割を果たしている。にもかかわらず、人間の発達を相変わらず個体のメカニズムで説明しようとする傾向が顕著で、それはいまも変わらない。

体をさらして人との関係を生きざるをえないという共同性をそこに前提しないわけにはいかない。その点で、ここに上げた定義はあくまで「個体」の能力発達を念頭においたもので、そこには限界がある。

(2)　時間的継起

発達が時間的継起のなかにあることは、これまた自明のことだと考えられている。それ以上に、時間的継起のなかにある人間を見るというこの「発達」の視点は、「時間的存在」としての人間を理解するうえで、きわめて本質的な視点であるとさえ考えられている。いわく、人間はつねに「発達的可能性」を秘めた「発達的存在」であるというわけである。しかし、この考え方のなかにはすりかえがある。人間は「時間的存在」だというときの「時間性」と、人間を「時間的継起」において発達的にみるというときの「時間性」とのあいだには、「時間」というものについての根本的な了解のずれがあるからである。(＊20)

人間は時間的存在だと言うとき、それはごく素朴には、昨日があり、今日があり、明日があるという構図の下で人間は生きていることを意味しているのであって、人間が時計で計測できるような一次元の等質的な年月の尺度のうえで生きているという意味ではない。

人はみな、不明の過去をもつ。自分のたどってきた痕跡が表層的な記憶として残り、私という一個の人間の一貫した過去をつくり上げている。ただ、遡《さかのぼ》り遡りして思いをめぐらしていくと、この痕跡はどこかで、もう茫漠とした闇のなかに消えてしまう。私が母の腹から生まれたこと、そしてさらに遡れば、母の卵が父の精子とめぐり会った時点にはじまること、その卵や精子にも、さらに、形成されるまでの前史があること……、このことを考えれば、

＊20　人はみな時間の流れを生きると考えがちだが、「渦中の視点」で見れば、厳密に言って、そこには「いま」しかない。私たちが言葉のうえで「昨日」や「明日」を語るのは、私たちがつねに「渦中」のいまにいながら、同時にその「渦中」を脱け出し、言わば「上空飛行」して、「神の視点」から自分を離れた時空世界を表象(represent)し、その表象された世界の一点に自分を位置づけてみる習癖をもってしまったからである。ここで私は「時間」にかかわる哲学的な議論をするつもりも、それだけの能力もないが、ただ人間の事実として、身体の「渦中」から生きる時間性と、一方で身体の位置から脱け出し「上空飛行」して描いてしまう時計的な時間性が、いずれも避けがたくあって、人はそのはざまを生きているというその両義的なあり方をここでは確認しておきたい。

それは明らかである。いや、私たちの記憶に残っている過去でさえも、そのほとんどは茫漠とした闇のなかにかすみ、その残滓をわずかに残しているにとどまる。

こうした不明の過去を背負いつつ、私たちはいまを生きる。そのいまも、私の意識のなかですべてが清明に捉えられているわけではない。私の意識のおよぶ範囲は、私という全体のなかですら、ほんのわずかでしかない。現に、身体をもって生きているこの私が、その身体のどこまでを意識化できているかとあらためて考えてみれば、それがその表面の、ごく一部でしかないことに気づいて、ときに唖然とする。そして、意識が座を占める心的部分でさえ、フロイトの言う無意識の領界に深く侵され、あるいはその背景に茫漠とした辺縁が広がっている。

さらに、明日ということになると、今日の日常の延長として、ある程度は予想できるものの、ほんとうのところ明日はどうなるか分からない。予想もしないことが起こる可能性もありうる。その意味で、明日は原理的に不明だというほかないのだが、そのうえでやはり私がこのいまから明日へと生きているという思いを免れることはできない。

明日などないと酒をあおれば、
なお褪めて今日もまだ生きていた

と、中島みゆきは「時は流れて」で歌う。「明日はない」と思いきろうとしても、生きているかぎり、やはり明日はまた確実にやってきて、今日になっていく。人はみな、このようにして過去からいまへ、いまから未来へと、否応なく不明の闇のなかを生かされ、そのなかで自

分というなけなしの存在として、その時間のなかにいる。(＊21)

しかし、さきの「発達」の定義で言われる「時間的継起」は、そういう時間ではなく、秒、分、時間、日、月、年という客観的に計測される時間でしかない。だからこそ、発達心理学では、人間の諸機能から任意の機能を選んできて、それを一定の被験者集団について一定の年齢幅をとって計測し、客観的データを得て、年齢段階間の差異を取り出してくる。つまり、一定の時間的継起のなかで一定の機能がどう変化するのかを見ることで研究が成り立つかのように思われているわけである。

この定義にみられる「時間的継起」の規定は、時計的時間の尺度のうえで第三者が計測する発達的変化を発達心理学の対象とするという前提に立つものであって、その意味では、皮肉なことに、かえって人間の時間性を否定するものでさえある。発達心理学が科学たらんとしたとき、人間を外に押し出して「神の視点」から時計的な時間尺度を描き、そのうえで観察できる変化を発達だと定義してしまう。もちろん、そうした視点から見えてくることもあるが、逆にそうすることで、「時間を生きる」という人間の宿命を看過してしまう。そこに根本的な限界性があることを、私たちは押さえておかねばならない。

(3)　変化を取り出すこと

人間は時間の経過を追ってたしかに変わる。そもそもの最初、人はみな受精卵から出発して、それが胎児になり、新生児になり、乳児になり、幼児になり、そこから十数年を経て、次の世代を産み落とすことができる成体になるのであるから、その変化こそが重要な現象として、発達心理学の対象となることは間違いない。ただ、一言で「発達」と言っても、そこ

＊21　人はつねに「ここのいま」にあって、そこで自分の身体から言葉を紡ぎ出して他者に向けて語る。その言葉でもって、人は明日のことも、今日のことも、昨日のことも、語り、歌うことができる。そこに人の言葉の不思議がある。

にはいろいろな機能の発達的変化があって、その変化どうしが連関し合って、人間の全体としてまとまった行動が生まれてくる。

しかも、この「全体としてのまとまり」が発達の最終段階である成体ではじめて成り立つのではない。受精卵には受精卵の、胎児には胎児の、新生児には新生児の、乳児には乳児の……というかたちで、どの時期を取り出してもそこには全体としての何らかのまとまりが成立している。じっさい、そうでなければ人はこの世に生まれ出ることも、この世で生きつづけることもできない。

発達をもっぱら表に現れた現象として捉えるならば、その「変化」に注目するのは当然のことだが、そのもろもろの変化はばらばらに生じるのではなく、それらが絡まり合い、同期し合って、そこに「全体」としてのまとまった主体の行動が展開していく。その意味で重要なのは個々の「変化」ではなく、それらの変化を一つにまとめていくこの発達機能連関である。そして、どの段階の人間にも、それぞれ全体としてのまとまりがあるのならば、変化する部分だけでなく、変化しない不変の部分も含めて、それが絡み合っていく姿を捉えねばならない。じっさい、すぐ前の(2)で見たように、人間はみな、おとなにせよ子どもにせよ、「時間」のなかに生きている。その人間の「時間性」は不変である。(＊22)

あるいは、(1)で見たように「人間は一人である」という本源的個別性を免れることができず、同時に「人間は一人では生きられない」という本源的共同性をも免れることができない。これもまた、言わば「人間の条件」として誰もが身に引き受けざるをえない不変のものである。

単に表層的な部分の変化にとらわれるのではなく、ある意味で人間に普遍的、宿命的に与

＊22　ここでも人間が生きる時間性を「過去―現在―未来」とか「昨日―今日―明日」とかといったイメージで語ってしまうが、厳密には誰もがこの身体のある「いま」をしか生きられない。そして、その「いま」にあって、そこに「投げ込まれてある」こと（被投性）と、そこから先に向けて「投げかけようとする」こと（企投性）のはざまを人は生きている。これを人間が生きる不変の条件として見定めることが、発達を考えるうえでも重要ではないか。

えられたこれらの条件をも組み入れて考えるのでなければ、発達の概念は表面的で非常に貧困なものに終わってしまうし、それではおよそ人間の全体的理解には到達しえない。

(4)　偶発的なものや一時的な状態の変化を除外すること

発達的な変化の道筋を追うとき、それ以外の偶発的変化や一時的変化は除外するというのも、発達の定義からは当然のことであるように見える。しかし、そもそも何をもって「偶発的」と言い、「一時的」と言うのかが曖昧だが、私たちの生活の多くは、その偶然性と一時性に満ちている。(*23) それゆえ、偶発的、一時的なものを対象から除外することによって、一般的な「発達」の道筋が浮かび上がるとしても、具体的な「生活」のなかではこの偶発的、一時的なものを除外して話がすむわけではない。

たとえば、幼いころに父母を失ったとか、施設に入れられたとか、生まれた家がひどく貧しかったとか、都会に転居して土地になじめなくなったとか、あるいは交通事故で片足を切断したとか、火傷で手指を失ってしまったとか、……こんな具体的な生活史上の出来事が、私たちの心的世界に少なからぬ影響を与えたとしても、この発達定義のうえでは「偶発的」なことでしかなく、あるいは「一時的」なショックとしてしか捉えられない。そのようにして、偶発的、一時的なものを取り除いてみたとき、あとには何が残るのであろうか。結局、具体的な生活の中身を欠いた、一般的、形式的な変化の骨組だけが、発達心理学の対象として残されることになる。

もちろん、この骨組を捉えようとする試みに意味がないとは言わない。ただ、骨組は、肉付けの作業とあいたずさえてはじめて、その意味を発揮することを忘れてはならない。

---

*23　この人の世に生きている限り、そこには偶然の出会いが満ちている。そして、出会いそのものは偶然でも、出会ってしまえば、もはや引き返すことができない、そうした時間の非可逆性を人は生きる。つまり、出会いは偶然でも、出会ってしまえば、もはやその出会いを取り消すことはできず、その事実がその人にとっては言わば必然となる。この偶然と必然の絡み合う人間の事実を除外したところで「発達」をどこまで具体的に語ることができるのか。はなはだ疑問である。

（5）　方向性をもつ変化

発達とはある一定の方向性をもつ変化であるというのも、「発達」の定義として、ごくごく当たり前のこととされている。つまり、発達には方向性があり、道筋があり、この筋道に沿って前進と後退、あるいは上昇と下降がある。この規定は、必然的に、発達の頂点、つまり「完態」という概念を導く。(＊24)

もちろん、子どもは最初、生活者としてまったく無力な状態から出発して、長い時間の過程を経て、人間として予定された成熟状態にまで達する。それを「完態」とすれば、発達のはてに「完態」に達するというのは、当然の事実である。ただ、そこに価値的な意味を込めるつもりはなくとも、完態との比較において子どもを見るという視点は、子どもをおとな的状態へ方向づけ引き上げていくべきだという、暗黙の含みをもってしまうし、子どもをおとなという完態からの欠如としてみる視点に陥る危険性を否定できない。

その意味で、私は、「完態からの視点」ではなく、むしろ反対に、人間の発端になった「卵」から、あるいは人間の帰っていく「土」から見るという視点こそが重要ではないかと思っている。いわば「零からの視点」である。

生死のあわいにあればなつかしくそうろう　みなみなまぼろしのえにしなり

と石牟礼道子は語る（注5）。そういう視点からみたとき、生きものの事象の真の不思議さが

注5　石牟礼道子『天の魚』（講談社、一九八〇年）

＊24　人間を自分の外に置き、その発達を自分から切り離して、これを「他者の発達」として観察すれば、たしかに未熟な状態からはじまり、成熟していって、その先で生物としての人間の完成態に至る過程が見える。一方、ひるがえって自分自身を見れば、自分はすでにおとなになってこの完成態にあり、その状態が「当たり前」になっていて、この「当たり前」が成り立つ以前の子どもの姿は不思議に見える。あるいは障害を抱えてなかなかこの「当たり前」が成り立ちにくい人たちを見れば、むしろそれを「おかしい」と思ってしまう。しかし、この私たちも最初は受精卵だったし、胎児だったし、新生児だったし、乳児だった……その先に私たちの「当たり前」がある。そうして見れば、私たちは「発達」を考えることで、いま私たちにとって「当たり前」であるかのように見えることが、すべてほとんど「零」の地点から「形成されてきた」ことに気づく。このように自分の「当たり前」を疑い、あらたな目で零から見直すことを現象学にならって「還元」と呼ぶとすれば、それは「発達論的還元」とでも呼ぶべきことだと気づく。

見えてくるように思う。

　完態を想定し、その一般法則と、未完態の特殊法則との相互関係を捉えるという観点は、現代発達心理学のたどりついたひとつの境地なのかもしれない。それに、たとえば障害を負った子どもたちに対して、その障害の重荷を少しでも軽減させるべく、完態へ向けての一歩を引き出すことも、現実には必要かもしれない。私もそのことを否定しようとは思わない。しかし一方で、この完態的視点によって、私たちは個体能力を競い合わせるような人間観、生活観に知らぬ間に巻き込まれてしまう。そのことに、私たちはもう少し用心深くてもいいのではないだろうか。障害を克服することが現実的な課題としてありうることは認めつつも、同時に、その障害を障害としてありのままに、いわば零の視点から生きることを忘れてはならないと思うのである。

科学化のために払った犠牲

　このように見てくると、個体の「発達」という見方が、その定義の表現に表れている通り、「個体能力」の発達を軸においた非常に限局的、部分的なものでしかないことが見えてくる。もちろん、限局されたものにせよ、それを客観的な事実として設定できるとすれば、それを対象とした何らかの客観科学が成り立ちうることを否定するつもりはない。ただ問題は、この限局された科学が、私たちの求めるべき人間理解にどのようにつながっていくかである。(＊25)

　私たちが「人間理解」というときの人間事象の広がりは、上記の個体の「発達」のように限局されたものではない。(一)人間は、単に個体としてあるのではなく、まさに共同的、関係的であり、状況的でもある。(二)単に時計的時間のうえを生きているのではなく、「被投

＊25　ここでふたたび「説明と予測」に向かうことと、むしろ「理解と納得」に向かうこととの視点の違いをあらためて考えておきたい。ここにも書いているように、私は人間の現象を外から観察し実験し説明し予測しようとする「科学」としての発達心理学を否定するつもりはない。しかし、同時に、私たちはこの人間の現象世界の「渦中」にいて、その「渦中」どうしの出会いのなかで、たがいに理解し納得し合おうとするし、そうした共同的な生活世界のなかに住まっている。この事実をないがしろにしてよいわけはない。だからこそ、この人間の現象を記述する、上記の意味とは異なる意味での「科学」をもしっかりと構想しなければならないと、私は考えてきた。

―いま―企投」の人間的時間を生きている。そして、(三) ひたすら時間の流れのなかを変化しつづけるのではなく、人間としての不変の条件を背負ってもいる。さらに、(四) 一般的、形式的な筋道をたどるのではなく、具体的な生活史を織りあげ、(五) 単に一定の方向性に沿って完態に向かうのではなく、生死のあわいにあって、このいまを生きている……。

発達心理学は、今日、一般心理学の知覚、学習、認知、社会性、人格などの個別分野に加わるもう一つの個別分野として組み込まれるものではなく、それら個別の心理的特性や機能についてそれぞれ発達機制を解明する横割りのシステムとして位置づけられるようになったという。そうして発達心理学は、一躍その学問的地位を高め、心理学の各個別分野に深く浸透してきたともいわれる。しかし、その一方で、かつての児童心理学が科学としては未熟であれ、ともかく子どもの全体を理解しようとしたのに対して、発達心理学は、全体を一般心理学の構図に従って分断し、ある意味で全体への視点を喪失したように見える。児童心理学の「子どもから」という発想は、児童中心主義と揶揄されようと、ともかく完態に近いはずのおとなたちがつくりあげた頽落《たいらく》した文化への批判としてあったが、発達心理学はその批判としての契機を一切失ってしまったように見える。

これは、発達心理学が科学としての道を歩むために、どうしても払わなければならない犠牲だったのだろうか。科学となるためにこうして多くのことを切り捨ててしまったのだとすれば、ここでいったん「科学的」という看板を下ろしてでも、人間理解とは何かをあらためて考えなければならないのではないか。

第2章　人の発達を生活世界の形成過程として見る

本章は、月刊『児童心理』（一九八三年七・八・九月号）をもとに、そのなかの八月号を大きく編み直したものである。

人間の全体的な理解のために

今日、隆盛を誇っている発達心理学は、はたして人間の理解に資するものであるのか。私はこの疑念を拭い去れないでいる。もちろん、いわゆる科学的、客観的な方法によって見出される心理学的事実が、人間理解にとってなんらかの意味をもつことはまちがいない。しかし、なんらかの意味をもつのだから、それらを積みあげていきさえすれば、人間の全体的な理解につながっていくはずだと考えるのは、予定調和的な幻想に過ぎない。逆に、なんらかの意味をもつものだからこそ、それを正しい枠組のなかに位置づけなければ、それはかえって危険なものになる。(*26)

近代科学は、どの領域においても、もっぱら客観科学たらんとしてきた。しかし、そこには人々の生活者の視点が入る余地がない。そのために科学の成果が人間の生活全般にどのような影響を与えるかは考慮の外にある。発達心理学もまた、生活の匂いをまとった児童心理学にはじまりながら、科学化を推し進めるなかで、結果として近代科学が抱えるこの同じ問題性を引き寄せることになってはいないか。児童心理学はその枠組におのずと子どもたちの「生活」を組み込んでいた。それに対して、発達心理学においては「生活」などという個別具体的な複合変数は、科学としての普遍性、客観性を阻害する要因として、むしろ積極的に排

＊26　今日の発達心理学は、主体たる自分を横に置いて、「もっぱら他者」についてその発達を外から観察して論じる。つまり、まるで神が人間世界を見下ろすように、あるいは火星に住む人類学者が地球に生息する人類を観察するようにして、「人間の発達」を説く。そうした枠組の下に展開する発達心理学が成り立ちうることを認めたうえで、私が考えようとしている発達心理学は、そうした「他者の発達心理学」ではない。もちろん、そこでも「他者」は問題となるが、その他者もまたそれぞれに身体をもち、その渦中性を生きている。そのうえで行動を外から因果の法則によって説明するのではなく、その生活世界のありようをたがいに内から理解し合う。そうした主体どうしの関係を前提として人の共同的なありようを描く。私のいまの好みの言い回しですれば、それは言わば「私たちの発達心理学」である。

除されている。このことによって、たしかに発達心理学は近代科学としての地位を築いてきたし、いわゆる「制度化」を遂げてきたかもしれない。しかしその反面、発達心理学は、具体的な生活主体としての人間の理解からは、かえって遠ざかっていないだろうか。

第1章では、こうした疑念を素朴なかたちで提示して、現代の発達心理学が描く人間像へのアンチテーゼとして、「全体性」だの、「具体性」だの、あるいは「生活世界」だのという言葉をもちだしてきたのだが、その中身にはまだほとんど触れていない。そこで、あらためてその点を踏まえて、人間理解としての発達心理学の向かうべき方途について考えてみたい。

1　個体能力、関係力動、状況世界という三つのレベル

「全体」を捉えるための枠組

人はみな生活主体として全体的である。この前提が、まずは私たちの出発点である。人間の学としての心理学もまた、これまで建前としては、人間は全体であるというテーゼを、しごく当然のものとして主張してきたはずである。しかし、このテーゼを理論のなかに具体化するのは容易でない(＊27)。

問題は、この「全体」をどう把握するかである。じっさい、全体を一挙につかむことはできないので、実際上、どうやっても、最初は部分からはじめざるをえない。そこで大事なのは、部分が部分でしかないことを肝に銘じておくことである。また、全体と言っても相対的なものであって、ある部分もさらに細かい小部分の全体でありうるし、ある全体もさらに大きな全体に対する部分でありうる。そして、この部分の部分性を自覚するためにも、その部

＊27　ここで言う「全体」が「神の視点」からのものではなく、私たちがこの身体で生きる「渦中の視点」からのものであることを、ここであらためて強調しておきたい。ゲシュタルト心理学が「全体は部分の総和を超えたものだ」というのも、その全体を渦中から生きている主体にとってのものだということを念頭においておくことが重要である。ここでの「個体」、「関係」、「状況」も同じで、人はそのそれぞれを取り出して見れば、いずれもそれぞれに「全体」であるけれども、そのうえで「関係」は「個体」の集まりを超えたもので、これを「個体」に還元できないし、「状況」は「個体」や「関係」を超えたものであって、これを「個体」や「関係」に還元して説明することはできない。

分を位置づけるべき全体性のイメージを、なんらかのかたちで描いておくことが肝要である。

そこで、便宜的に、人間の全体性を個体―関係―状況という三つのレベルに分けてみる。まず、個体が身体のうちに具えている能力という視点から見る「個体能力論」がありうるし、そのうえで、個体が具えた能力で周囲の物や人と直接かかわって展開する関係のありようを見る「関係力動論」がある。そして、さらに個体能力、関係力動のレベルの先には、生身の関係を超えたいわゆる社会状況がある。この社会状況は個体や関係のレベルで直接に左右できないし、他方、個体がその能力によって周囲の物や人とかかわり、展開していく関係力動は、社会状況によって大きく左右される。その社会状況を含めて人が生きる世界を見ようとする視点を、ここでは「状況世界論」と名づけておく。

これはごく形式的な分け方であって、実際はこれらがどのように絡み合うかが問題となる。そこで各レベルについて、いま少し説明を加えておかなければならない。

個体能力のレベル

個体は皮膚という身体境界でもって他者と隔てられていて、誰もが「生まれるのも一人、死ぬのも一人」の個別性を生きている。この事実は否定できない。そして、どんなに未熟な段階にあっても、その個体のなかに具わった心理的諸能力は、それなりに一つの「全体」として機能している。もちろん、人間にかぎらずあらゆる生き物は、ユクスキュルの言う環世界のなかで生きている以上、つねに個体の外の物や人との関係のなかにあって、個体のどのような能力も個体内で完結することはない。そもそも個体内部で閉じているかのように見える生理学的器官でさえも、たとえば消化器はその個体が外から食物を摂取し、不要物を外に排出することを予定しているし、呼吸器は外から空気を吸入し、そのなかの酸素を取り入れたあとは、残りを外へ排出することではじめてその機能を果たすように予定されている。個体は周囲の環境との代謝関係によって生きていることを予定されているのであって、その関係ぬきには生命体としての存在そのものが成り立たない。(＊28)

あるいは感覚器官で外の物や人を感受するについても、運動器官で周囲の物や人とやりとりするについても、その能力自体が個体の外の物、外の人の存在を予定している。たとえば、視覚の機能を働かせて「目で見る」ためには、見るべき「物」がなければならないし、人どうしのあいだで「目が合う」ためには、誰か「人」がいて、その人と出会うことがなければならない。そう考えれば、対物認知も対人認知も、純粋に個体内の能力に還元できない。

しかし、これらの能力は、外の物や人の存在を「予定」しつつ、個体レベルで一定の「自律性」を帯びていることはまちがいない。たとえば消化器官があれば、何を食べるかは別として、何かを食べることで消化機能を果たし、個体のホメオスタシスを保持する。あるいは、視覚器官があれば、何を見るかは別として、それが視覚機能を果たして、個体の視覚世界を広げていく。このようにして「予定」された外の何かを前提において、個体が一定の「自律」した機能を果たすというかぎりで、それを個体能力のレベルと考えてよい。

ただ、ここで例示した個体能力は原初的な、ほとんど生理学的と言ってもいいようなレベルの話であって、通常、そこには心理学が入り込む余地はあまりない。このレベルを狭義の「個体能力論」と呼んでおく。

＊28　「予定」という用語をここでは生き物として「予めそうなってしまっている」という意味で使う。たとえば、胎児の段階にはへその緒を通して血液が循環し母体から酸素を受け取るべく身体が「予定」されているが、出生後へその緒を断たれて個として自律すれば、口から空気を吸い、肺を通して酸素を取り入れ、逆に肺から口へと二酸化炭素を排出するというかたちで、外界の空気を呼吸するように身体が「予定」されている。身体はその種の「予定性」を膨大に組み込むかたちで成り立っている。このように「予定」という表現を使うことで、自然科学的な意味での「説明」を保留し、「渦中の視点」からの記述のレベルを確保することができる。端的な例を上げれば、ほとんどの生き物には雌雄の個体があって、雄の身体は雌の身体とセットになっていて、その両身体が嚙み合わさることで、次の世代の個を生み出すよう、類として「予定」されてい

関係力動のレベル

心理学的な記述が問題になるのは、この狭義の個体能力論のレベルを超えて、個体がその能力を使って周囲と物や人とのあいだで繰り広げる関係の諸相である。そこでは、原初の個体能力を基盤に、そこから物により、あるいは人により多様な対物関係、対人関係が生み出されていくことになる。これが「関係力動」のレベルである。

個体は一人で、あるいは複数の人との協働で、周囲の物に働きかけて、その物に変化を与え、さまざまに組み合わせて、多様な生活世界をつくり出していく。そこに繰り広げられる具体的な関係力動のありようは、そのとき、その場の関係のありよう次第で、定型的な個体能力の発現を超えて、豊かな多様性を生み出していく。

たとえば、生理学的なレベルで見れば、誰もが外の食物を口に入れて生きるという点は同じでも、生きている地域や時代によって口にする食物のレパートリーは異なるし、その調理の方法も食事のスタイルも異なる。つまり、食べるという行為そのものは変わらないが、食文化はそれぞれに異なる。そして、ある食文化の下に生まれた子どもは、家族として共同の生活をしていくなかで、おのずとその食文化を引き継いでいく。

あるいは、自閉的な障害のゆえに周囲の人との関係がうまく広がっていかない子どもの場合、周囲の人々の食文化にうまく乗ることができず、ときに異常なほどの偏食を示してしまうことがある。これを個体レベルで味覚異常の問題として論じる人たちがいるが、食事行動を共同的な関係として見れば、この偏食の背後に関係力動のレベルの問題があると考えた方が自然である。そうだとすれば、これを個体内の異常に帰す個体能力論の範囲内で見たのでは、問題の本質を見逃してしまうことになる。(*29)

る。それは生物学的な事実である。もちろん、人間の場合、性的な志向に多様性があって、異性どうしの関係がセットにならないことがある。しかし、その場合でも人が周囲のさまざまな「物の存在」と同時に、他の「人の存在」を予定していることに違いはない。私たちの生活世界はこのように身体に根差した「予定性」に導かれて多様なかたちに形成されていく。つまり、個が個として完結することは原理的にありえない。

狭義の個体能力論においては、周囲の物や人が織り成す関係の脈絡以前のところで、生物学的な意味での「予定」性を前提に、個体が類としてもっている「定型」的な能力が問題になるのに対して、関係力動論においては、個体を取り囲む物や人が織り成す具体的な関係の脈絡こそが重要になる。そして個体能力を周囲の物や人との関係のなかで用いて広げる関係力動のなかでこそ、本来の意味での発達は展開していく。

広義の「個体能力論」の登場とその背後の社会状況

個体能力と関係力動を二つのレベルとして分けるというのは、じつは便宜的なことで、この両者の絡み合いは単純でない。じっさい、物を見るとか人と目を合わせるとか、あるいは手で物を操るとか口に運んで食べるとか、原初のほとんど生理的なレベルで予定されている個体能力の場合は、そこから展開する関係の多様性は限られていて、この個体能力を用いたその関係のあり方は比較的早く安定する。そのために、ことさらその個体能力を高めようというような状況の圧力は入りにくいのだが、その先で獲得していく言語能力とか認知能力となれば、事はそうそう単純でない。

じっさい、少し高度な言語能力や認知能力になると、そのもとは初期発達において予定されている個体能力が基盤にあるとしても、そこから長期にわたって関係力動レベルで周囲の人や物と豊富なかかわりを重ね、積み上げ、そうして個体能力と関係力動がうまく絡み合って展開することではじめて、少しずつこれが獲得されていく。それだけ複雑な発達過程をたどるし、そこに遅れや歪みが生じれば、その後の生活世界の展開に何らかの支障を生み出してしまう。

＊29　自閉的な障害の背後に、個体内能力メカニズムの何らかの損傷を想定するのは自然なことだが、一方でその個々の症状に対してそれぞれそれに対応する個々の損傷があるかのように考える必要はない。たとえば、たいていの人が何となく普通にやり過ごしている物音をひどく気にする人がいると、「聴覚過敏」として聴覚メカニズムの異常を考えるようなことになりがちだが、これを単に聴覚メカニズムの異常と考えてよいかどうかは疑問である。私たちは周囲の物音をつねに「〜の音」として意味づけて聞いているが、その背後には周囲の人たちとこの物音を聞いてたがいに共通の意味づけを与えてきたという長い生活史がある。しかし、この「人—音—人」という三項関係を結びにくい人がいれば、共通の意味づけをその物音に与えることができないことにもなる。そのために周囲の人が騒音として無視しているような音に耐えがたさを感じることがありうる。

じっさい、この言語能力や認知能力はいまの時代を生き抜くうえで重要だという認識が高まれば、とにかくその能力をできるだけ早く、できるだけ高く伸ばそうとする社会的な圧力状況が広がる。とりわけ、学校制度を順調に上っていくことが強く求められる今日の時代状況では、この能力の発達・伸長が重視される。その結果、もともと時間の順に沿って順行的に形成されるべき能力であるのに、むしろ結果として獲得されるべき能力をそれ自体として取り出して、その能力獲得を目標にするような逆立ちした発想が生まれる。

能力は、もともとそれを使って生活世界をより豊かにすべきものであり、そうして生活世界のなかで使われることによって自然に次の能力の形成につながっていくはずのもの。それにもかかわらず、能力それ自体の獲得を人為的に目指すような訓練や教育が社会システムとして登場すると、これが子どもたちの生活世界のありようを脅かすようなことが起こってくる。個体能力も、じつは個体内の過程として単独に取り出して論じられるような単純なものではないのに、人為的にこれを個体能力として取り出して論じるような発想がしばしば見られるのである。本書では、これを言わば狭義の「個体能力論」と名づけて、批判的に論じることになる。そこには発達を個体能力の展開として重視するような状況の圧力がある。

状況世界論のレベル

関係力動というときの「関係」は、人が周囲の人や物と生身でかかわる直接的な関係だが、その外には、これらの直接的な関係を包むさらに大きな社会的な「状況」がある。人が周囲の物や人とかかわるその関係力動のありようは、それを囲むこの状況によって強く規定される。これが「状況世界論」のレベルである。

社会的な状況は直接目には見えないし、個体はこの状況に間接的にしかかかわれない。たとえ個体が直接的にこの状況に働きかけ、これを左右しようとしても、それでもって状況が簡単に動くことはない。それゆえ個体の側からの状況変革の試みはしばしば空しく、結局のところ、個体は自らがおかれたその状況を受け入れて、なんらかのかたちでこれに付き合っていくしかない(＊30)。

個体能力やその関係力動は、人の発達過程、その生活過程の短いスパンで変容し、変動するが、それを囲む状況は、時代の節目でときに激変することはあっても、おおよそ変化が緩慢で、個体の側からみれば、簡単には変わらない。その背後には頑強な構造が根を張っていて、独自の法則性をもって動いているからである。

たとえば学校制度は、現代の人々にとって、自分が生まれたときから頑として存在する一つの状況である。この学校という制度が生まれ、それが定着してきた過程には、それぞれの社会における長い歴史があって、その歴史は、子どもが育ちおとなになるという世代のスパンよりははるかに長く、そのなかにいる人々からすると、簡単には動かない社会的現実として与えられている。それゆえ、子どもたちは一定年齢になれば、否応なく学校に通わなければならないと思っているし、親たちは子どもを学校に通わせなければならないと思っている(＊31)。

あるいは、いまの社会は貨幣制度の下で機能していて、人は何らかの方法でお金を稼ぎ、それを使って生きざるをえない。この社会システムが成立するまでには長い長い歴史があったはずだが、いったんこれが出来上がってしまえば、それはもはや否定しようにも否定できない圧倒的な現実として、私たちに与えられることになる。この貨幣制度の下で私たちは、お金を稼ぐ場としての企業や組織に身をおいて働き、そこで得たお金で生活に必要なものを

＊30　この「状況世界」は人間だけでなく、他の生き物にもありうるが、各個体にとって「関係」を超えた「状況」がどこまで重みをもつかは、やはり限られている。霊長類で言えば「群れ」のレベルの変動が個々の「個体」や「関係」のありようを左右するが、人間になると、さらに目で見える「群れ」のレベルを超えた「社会」があって、これによって生活世界のありようが大きく変化する。人間の場合、感覚運動世界を超え、表象の能力によって膨大な観念世界を描き、これに見合った社会組織をつくり出しているからである。「国家」とか、その国家どうしがかかわりあう「国際」状況が、いまでは人間世界を左右する。

＊31　公的な学校制度そのものは、わが国の場合、一八七二年の学制発布にはじまるので、すでに一五〇年の歴史がある。しかし、小中高大の学校教育制度の梯子をどこまで上ったのか、さらにはどのような学校歴をたどったのかが人の人生を左右してしまうような「学校化社会」の状況になったのは、まだここ五〇年のことである。

調達する。また、私たちはその生活にふさわしい商品市場に囲まれて、その市場がいまや世界規模で動いている。こうした社会の状況が、私たちの個々の力では左右できないものとして、身の回りに頑として存在し、私たちの生活を支配している。(＊32)

このようにして見れば、人間の諸現象は、広義の「個体能力」のレベルから、その能力を使って周囲の物や人とかかわる多様な「関係力動」のレベルへ、そして、その先にはこの個体能力や関係力動を超えた「状況世界」のレベルにまで広がっている。このように三つのレベルを便宜的に区別してみたうえで、考えなければならないのは、これらのレベルが相互にどのように絡み合って、人間の現象の全体が成り立っているかである。

三つのレベルはそれぞれ截然と分かれるものではなく、たがいのレベルの境界は折り重なり、入り混じって、相互に連関しあっている。問題は、その連関の構図をどう描くかなのだが、もちろんこれを解くのは容易でない。そこで、まずはこれらのレベルの絡み合う諸相を、いくらかでも具体的に確認し、そこに潜んでいる発達心理学上の問題を指摘しておきたい。

2　発達は順行的な形成の過程である

「個体能力」はつねに「関係」を予定している

発達心理学の主流をなす研究は、先の「発達」の定義で見たように、個体の行動を対象として取り上げ、その背後に当の行動を可能ならしめる能力を想定して、その能力が時間的継起のなかで一定方向に向けて発達していくそのメカニズムを明らかにしようとする。

たしかに、人はみな究極的には個体であって、一見、その個体能力においてそれ自体で完

＊32　貨幣制度についても、貨幣そのものは、わが国では七一〇年に平城京造営のための労賃や資材購入のために「和同開珎」がつくられたことが知られているが、その貨幣がすべての人の家計のほとんどを賄うようになり、お金なしには日々の暮らしそのものが一日たりとも成り立たないという状況が多くの人の生活をおおうようになったのは、これまたここ五〇年のことかもしれない。学校制度も貨幣制度も個人やその生身の関係を超えた社会制度であるが、いまはこの社会制度と無縁で生きていける人はどこにもいない。

結しているかのように見える。しかし、そのようなレベルのものであっても、原理的に言って、「個体能力」がそれ自体で閉じることはなく、その能力は必ず周囲の物や人の存在を予定している。

たとえば、「見る」という視覚能力について考えてみる。見る対象が複雑になるといろいろな要因が絡んでくるので、ここでは注視・追視という単純な事態について考えてみよう。

人間の赤ちゃんは、この世に生まれ出てすぐは、目覚めて目を見開いていても、身の回りの物をちゃんと目で見ることがない。それが生後二、三カ月になると、目の前に差し出された物に目を注ぎ、その動きを目で追うようになる。人が物を見る過程は、一般に、外界の光刺激が、個体の眼球を通して、網膜上に像を結び、この網膜像が神経インパルスとなって視神経路を通り、大脳皮質後頭葉にある視覚領に到達し、そこでもって神経刺激の解析が行われて、視覚像が意識されると考えられている。そのことを図式的に表現すれば、

見る行動＝視覚の器質的メカニズム×

一定の覚醒レベル×適切な光刺激

というふうに説明される。つまり、視覚の器質的メカニズムを十全にそなえた個体が、一定以上の覚醒レベルにあるとき、適切な光刺激がレンズを通して網膜上の像を結べば、そこに物が見えるというわけである。このように言えば、それは当然であるように見える。

しかし、よく考えてみると、この図式だけでは、人が目で物を見るということを十分に説明できない。じっさい、個体が光刺激を直接に感受するのは網膜である。それなのに人は、

物を網膜のうえには見ず、自分の外に見る。それはなぜであろうか。外の物を外の物として見ているという素朴な日常的感覚からすれば、あまりに当たり前のことで、このように問うこと自体が奇妙に見えるが、少なくとも論理的、哲学的には、この問いが十分に成り立つ。

心理学的思考に多少なれた人なら、ここで、物は目で見るだけでなく、手でも触われるから、その対応づけによって、触覚的に自分の皮膚の外に感じた物を目でも見るという経験を重ねることで、視覚的にも外の物として捉えられるようになるのではないかと説明するかもしれない。しかし、じつは、触覚もまた物を皮膚表面の神経末端によって感受するだけであるから、その物が自分の個体の外からの刺激だと感じる理由はない。とすれば、物を感覚刺激として与えられたとき、人はどうしてそれを外の物として捉えることができるのか。そのことは、結局、分からない。つまり、人がその身体に装備された知覚メカニズムを通して、外の物の世界に開かれているのは、人知を超えた奇跡のようなことで、これを生理学のレベルで説明することはできない[＊33]。

人が外に物を見るという現象は、与えられた光の刺激とそれを受容する知覚メカニズムの成熟だけでは説明できない。むしろ、人はほんらい外の物を外の物として捉えるようにできていて、人の知覚はつねに自分にとって外的ななにものかの知覚であり、意識なのである。つまり、そうなっているのだと言う以外にない。現象学が言う「志向性」とはこのことである。そもそも私たちは、個体内に閉じているかのように見える神経系メカニズムにおいてすでに、外の物に「向かう」ように予定されているのである。

じつは、私は、目を開けていてもちっとも物を見てくれなかった重障児が、ある日突然、赤い玉を追視しはじめた場面に立ち会って、その奇跡に心動かされたことがある[＊34]。それまで

＊33　どうしてそうなっているのかを説明はできないが、とにかく「そうなっている」ことを疑えないこの予定性は、言ってみれば人間にとっての「奇跡」である。たとえば、身体がその外の物に「向かう」という現象は、人間に限らずあらゆる動物に予定された奇跡だと言ってよい。現象学の言う「志向性」は人間の意識を記述するためのものだが、私はむしろこれを広く生き物すべてに当てはまるものと考えている。生き物にはみなその外の物へと向かう志向性があることは、蟻が地面を這う姿を見ても分かる。

何を見ているかが分からない目でしかなかったその子の目に、「向かう力」がこもってくる。そういう言い方をすると、奇妙に聞こえるかもしれないが、まさにそのとおりのことが起こったのである。これは、原理的に言って、単なる生理学的説明を超えた現象である。しかも、このことは重障児にかぎらず、ほとんどすべての赤ちゃんが生後の二、三カ月のあいだに超えてきたことであり、私たちが日々において物を見るそのつどに超えていることでもある。

私たちは、ともすると、生理学的説明に究極の根拠を求めがちだが、じつのところ、これは必要条件の一つにすぎない。当然のことながら、身体の生理学そのものが身体の周囲の物や人とのかかわりを予定しているのであって、個体能力が個体内で完結することはありえない。個体能力は、身体の内にそれとして閉じることなく、周囲の物や人との関係に開かれることで、はじめてそれとして機能する。そのようにできているのである。

「目が合う」ことは「関係力動」の原初である

周囲の「物を見る」という対物関係以上に複雑なのは、人と出会い、その人とやりとりが展開する対人関係の場面である。人もまた物理的な身体をもつ以上、もちろん、一つの物でもあるのだが、しかし、人はやはり人である。人にとって人は単なる対象物ではなく、そこから周囲に向かって働きかけるもう一つの主体であって、その意味できわめて特権的な存在である。暗い夜道で背後に靴音を聞いたとき、私たちは人の気配を感じて、つまり自分以外のもう一つの主体の存在を気配で感じて、そこに緊張の糸が張りつめる。あるいは朝露の光る並木道に遠い人影をみつけたとき、誰が何をしているのかと思って、おのずとその人影の動きを目で追う。

＊34　この当たり前のことを、私たちはほとんどの場合、何の疑いもなくやり過ごしてしまうのだが、この当時、私は重度心身障害児の療育施設でこの「奇跡」の瞬間に出会い、これによってこの「奇跡性」に気づかされることになった（浜田寿美男・山口俊郎『子どもの生活世界のはじまり』ミネルヴァ書房、一九八四年）。外の物を外の物として見、そこに向かうようになる以前、言ってみれば、その子どもは「世界への窓」が開いていない、そういう時期がある。人がこの世に生まれ出てしばらくして、その窓が開き外の物に「向かう」ようになり、身体が外の物との関係を生きはじめるのである。ちょうど逆に、それまでつねに外の物に向かっていた眼（まなこ）がその向かう力を失うときがある。この重度心身障害の子どもの体験からしばらくして、私は父の死に行く姿に立ち会うことになるが、もはや余命幾ばくもないという時期になって、それまで外の物に向かっていた父の眼が「向かう力」を失っていくことに気づいた。死を前にして「世界への窓」が閉じていくのである。

ところが、人にとってのこの人の存在の特権性を、心理学の研究者たちはその理論のうえで真剣に受けとめてはこなかったように見える。たとえば、発達心理学の有名な実験によれば、生後三カ月前後の赤ちゃんに、人の顔状の絵とランダムな模様の絵を並べて見せると、赤ちゃんは前者のほうを好んで見る。心理学者たちはこの事実を取り上げて、赤ちゃんは早くから人的特徴をもつ刺激パタンを他の刺激パタンよりも好むのだというように記述する（先の29頁参照）。つまり、人の存在を刺激パタンとして記述する。そこでは、人は主体ではなく、特異なある刺激対象でしかない。しかし、これでは十全な記述と言えない[*35]。

人と物との根本的な違いは、単にその刺激パタンの違いにあるのではない。むしろ、私たちは人を見れば、そこに自分以外のもう一人の主体を感じ取ってしまう。そこにこそ人と物との違いの原点がある。物は私に主体として働きかけることはないが、人は私に向けて主体として働きかけてくる。たとえば、人どうしは「目が合う」。先にも述べたように、それは、目の前の人の「目を見る」、つまり「眼球を見る」ことと同じではない。眼科医が患者の眼球を見るとき、そこで「目が合う」ことはない。そもそも目が合ってしまえば、診察はできない。眼科医は患者の眼を一つの物体と見て診断するからである。

「目が合う」ということは、自分が相手を見ると同時に、相手から自分が見られていることを意味している。問題はこの「見られる」という受動にある。それは自分が「見る」主体であると同時に、相手もまた「見る」主体だと受けとめることであり、そこに自分と相手とのあいだで「見る―見られる」の能動―受動関係が成立する。この現象は、人どうしのあいだだけでなく、人と猫とのあいだでも、人と犬とのあいだでも成り立つ。それだけ原初的なものであって、哺乳動物においてほとんど生理的なレベルで成り立つメカニズムと言っても

＊35　そもそも生き物はみな、何ものか「に向かう」存在であると同時に、周囲に別の生き物がいるとき、その生き物が何ものかへと「向かう」その向きにも敏感である。たとえば、自分を脅かす生き物が周囲にいて、自分がその生き物「から向かわれる」とき、そこから「逃れようとする」。あるいは相手のその向かう力を受けとめて、「たがいに向き合う」こともある。つまり生き物はみな志向性をもつ志向的存在であると同時に、相手の志向性に敏感に応じる相互志向的存在でもある。これは生き物が経験のなかで学習して獲得していくことではなく、この世界に生まれ出たそのときから具わっている本源的な特性だと言ってよい。

よい。つまり、人にかぎらず生き物はみな、何かに「向かう」志向性をもち、同時に他の生き物たちもまた何かに「向かう」志向的存在であることを知っている。そうして生き物どうしが出会ったとき、相手がどこに向かっているのかを敏感に感じとるようにできている。

あらゆる生き物は個体を軸にする部分（個体性の軸）と、他の個体との関係を軸にする部分（類性の軸）とがある。そう考えることで生き物が生きる関係の構図がより見えやすくなる。じっさい、生き物は生きて動くとき、単に物理的に移動するというのではなく、基本的に志向的に動く存在であり、同時に他の生き物の動きの志向性を敏感に感じ取る。つまり、そこに相互志向性が成り立つ。そして、この相互志向性には敵対的な相互志向性と融和的な相互志向性がある。

個体は自らの生存を確保するために、周囲の生き物たちとの敵対を軸にして闘争・捕食・逃走へと駆り立てられるが、一方で個体は個体で完結せず、類として種を保存するために、雌雄の両性が番《つが》わなければならず、時に応じて融和・合体に向かわなければならない。この生殖・交尾の行為はときに個体の安全をおびやかすという矛盾をはらんだものとなる。また、出産後の子育てにおいては、哺乳類の場合、少なくとも一定期間は親子のあいだに融和的な相互志向性が優位に働く。あるいは群れで生息しているサルなどの霊長類は毛づくろいに見られるように、群れのなかで個体どうしが融和的な相互志向性を交わす場面が慣習的に組み込まれてもいる。さらには霊長類のなかでも人間の場合、家屋で守られた家族集団を形成するような文化を築くようになったことで、個体どうしの関係の構図が大きく変化してきた。じっさい、男女のあいだで、ときに融和的な相互志向性のなかにはまり込み（裏返して言えば、特定の他者と融和的な相互志向的関係を結ぶことで、それ以外の他者に対しては排他的な相互志向的関係を生み出し）、番い、子を産み、ホーム（家庭）を形成する。このことによって人類に独自な「生きるかたち」が生まれてきたと言える。

三項関係の成立から言葉の形成まで

このように志向性のやりとりにおいて、ほとんどの哺乳動物は、相手がこちらに向かってくれば、そこに攻撃性を読み取って、反撃するか、あるいは逃げ出す。同じ種の個体どうしであっても、「目が合う」とそこに敵対的な関係が生まれてしまうのだが、人間のばあい、「目が合う」ことで敵対的な関係になることもあるが、同時に多くのばあい、好意的な関係につながる。そして目が合った者どうしが、次にその相手が目をそらしたとき、その相手が何に向かっているかを気にする。その結果、一つの物を相手と自分とが「一緒に見る」、さらに「一緒にかかわる」、あるいは「一緒に経験する」という構図が生まれる。これがいわゆる「三項関係」で、人間においては、人どうしの「関係力動」の原点となる。

たとえば、母と子が一緒に遊んでいて、母が前にある人形に目をやり、手に取って、人形をかわいがる仕草をすれば、子もまたその人形に目をやる。そのとき、子どもがそれまで人形を見たことがなければ、それはまだ意味不明の物でしかない。しかし、母が人形をかわいがる仕草を繰り返し見ているうちに、母がその人形に与えている意味を自分の側で汲み取り、やがては自分もまたその人形を人形として遊ぶようになる。あるいは、母親がすぐそばのコップに目を向けて、手に取り、そこに水を注いで飲みはじめれば、自分もまたそのコップに目をやって、相手の振る舞いを眺め、コップがそこでどのように扱われているのかを受けとめて、やがて自分もコップを手に、同じことをやろうとする。

このように周囲の物についての体験を相手とともに生きる。これが三項関係である。この三項関係によって、子どもたちは相手がその物に与えている意味づけを自分の側に敷き写していく。これは子どもの育ちにとっては非常に大きなことである。なにしろ母と子が共有の意味世界を生きることが、まさにこれによってはじめて可能になるからである。(＊36)

そもそも人間の世界には人為でつくり出された人工物で溢れている。しかし、この世に新たに生まれ出た赤ちゃんには、それらの社会的文化的な意味が分からない。たとえばコップがコップだと分からないし、スプーンもスプーンだと分からない。エンピツもエンピツだと分からない。それらを最初に見たとき、その意味がどれ一つとして分からないのである。そうした意味の分からない世界からはじまって、その身の回りの物一つ一つが周囲のおとなたちと同じ意味のものになっていくのは、すでにその物の意味を知っているおとなたちとこれを一緒に体験することを通してでしかありえない。コップがコップになり、スプーンがスプーンになり、エンピツがエンピツになっていく、その基盤になるのが、この三項関係なのである。これによって、子どもは周囲の物の意味を一つ一つ周囲のおとなから敷き写して、同じ意味世界を生きるようになる。

周囲のおとなたちが交わす言葉も、最初は、子どもにとってただの音声でしかない。人どうしの口から、わけの分からない声が出てきて、それが頭の上を飛び交っている。そうした世界に子どもは生まれ出てくる。そして、この声がやがて意味をもった言葉になっていくのだが、そこにも同じ三項関係の働きがあることに気づく。というのも、おとなが声をかけ、その声を子どもが聞き、同様の声を子どもが返して、その声をおとなが聞く、そしておとながまた声をかけて……というかたちで声がやりとりされるとき、そこではその声のやりとり

＊36　人間においてこの三項関係が豊かに形成されていくのは、個体どうしが融和的な相互志向的関係を生きるからにほかならない。平たく言い直せば、三項関係とは誰かと何かを「一緒に体験する」ということで、これによって周囲の意味世界が共同的に生み出されていく。物の物理的・生理的な意味はどの個体にも同じように与えられるしかないが、その物が個体の生きる共同世界のなかでどのような物として使われ経験されていくかは、人間のばあい、それぞれの共同的関係のなかで決まっていく。その結果、物の物理的・生理的な意味とは別に、共同的関係のなかでその物の社会的・文化的意味が形成されていくのであって、その要になるのが三項関係である。それは人間の文化的世界の形成の基盤をなすものと言ってよい。

がおとなと子どものあいだで一緒に体験され、共有されるからである。

そうしておとなと子どものあいだに、この声を介したこの三項関係が成り立ち、同時にひとつの物の体験を介した三項関係が成り立てば、そこで共有された声と共有された体験が結びついて、言葉が生まれる。こんなふうに言えば難しそうに聞こえるが、おとなが子どもに「ワンワンかわいいね」と声をかけ、子どもがそれを受けとめ、同時にそのおとなと子どもがそこにいる犬の体験を共有する、そのなかで「ワンワン」が「犬」になっていくというありふれた場面である。その背後には、声を介した三項関係と物の体験を介した三項関係があって、その二つが折り重なったところで「ワンワン—犬」が結びつくのである。(＊37)

言葉も出来上がってしまえば、自律した「個体能力」に見えてしまう

言葉の発達は、それを外形的に見れば、喃語的な発声から、何かを指し示す初語が生まれ、その語彙が徐々に広がり、あるところから爆発的に語彙が増加しはじめて、語と語とをつなぐ二語文、三語文が出てきて、やがて助詞的なものも入って文章的な語りになる……そういう流れを描けるが、その背後には多様な能力がいくつも絡み合っている。そのなかでもとりわけ重視されてきたのが、言葉による最初の記号機能である。たとえば「ワンワン」という音声が「犬」という概念を意味する。この記号機能は、ややもすると、個体が個体レベルで身につける能力であるかのように思われがちである。しかし、じつのところ、記号機能の成立過程を全体として見ていけば、それはたったいま述べたとおり、単に音声（意味するもの）と概念（意味されるもの）が一対一対応で結びつくことではない。ここのところがしばしば誤解されている。

＊37　人どうしのあいだに言葉が成り立ってくるのは、周囲のもろもろの物を三項関係によって意味づけると同時に、そこに人どうしの声のやりとりというもう一つの三項関係が重なるためである。この重なりを、私は後に四項関係の成立としてまとめることになる。この議論については、浜田寿美男編『「私」というものの成り立ち』（ミネルヴァ書房、一九九二年）、浜田寿美男『「私」とは何か』（講談社、一九九九年）を参照されたい。

じっさい、言葉に代表される記号機能は、ほんらい、誰かが誰かに対して音声や文字でもってなにかを表現するものである。そこには人との関係と物との関係が複雑に絡み合っている。ところが、ピアジェらは、この関係の連関構造から「誰かが誰かに対して」という対人的な関係の脈絡を捨象してしまい、言葉を対物的な記号活動に還元してしまったかのように見える。(*38) そこでは、記号活動が個体能力レベルでまず獲得されてから、それを手段にしてはじめて対人的コミュニケーションが成り立つかのような枠組で議論が展開される。

一般にも、なんらかの言葉がまず身についてから、その言葉によっておたがい気持ちを伝え合うことができるようになると考えられがちだが、これは錯覚である。言葉の発生を系統発生的に、あるいは個体発生的に追ってみれば、むしろ先に言葉以前のレベルで人と人との関係の場、コミュニケーションの場が原初的なかたちで成り立っていて、その場のうえでたがいが物を一緒に体験し、声をたがいに交わし合う、それによってこの二つが重なり合い、結びついて、言葉が生まれてくるのである。つまり、言葉以前にすでに人どうしが何らかのかたちで通じ合っていて、だからこそ、そこに言葉が生まれてくるのであって、その逆ではない。

それにもかかわらず、言葉の能力がまず身について、それによってはじめて人どうしのコミュニケーションが成立するかのように考えるこの錯覚が生じるのは、とかく人は言語能力という、自分たちがたどり着いた最終の「完態」を念頭に、そこに至る発達を考えてしまうからであろう。つまり、私たちおとなは、すでに言語能力を完成させていて、その能力を当たり前のものだと思っている。そのため、出来上がってしまった言語能力を念頭において、これを個体レベルで完結する個体能力であるかのように思い込んで、その個体能力として言

＊38　この議論については、後の『ピアジェとワロン』（ミネルヴァ書房、一九九四年）で詳細に論じることになる。

語能力がどのように育ってくるのだろうかというように、逆行的な目で言葉の発達を見てしまう。(＊39)

しかし、発達の流れをその時間のままに順行的に追うという発達論の原点に立ってみれば、誰もが最初は受精卵というほとんど零の状態からはじまって（もちろん、受精卵には人間の系統発生の長い歴史が遺伝子として集積しているのであるから、けっして零ではないが）、約一〇カ月の後に母の胎内からこの世に赤ちゃんとして生み出され、その与えられた身体によって周囲の人や物との関係力動を生き、そのことを通してやがて人間として予定された能力の「完態」にたどりつく。「完態」に達してしまえば、それはもはや個体の能力であるかのように見えてしまいがちだが、それまでの形成過程を見れば、やはり、そこには周囲のさまざまの物、さまざまの人との関係力動が深く絡み合っているのである。発達とはそのような順行的な形成過程であって、それを逆行して考えてはならない。

「障害」の症状記述から症状形成論へ

このことは障害の問題を考えるときにも当てはまる。ここまで「全体」という用語を、ゲシュタルト心理学が言う「部分と全体」という意味合いで使ってきたつもりだが、考えてみると、これは日常的に「欠けた部分」のない「まるまるの全体」という意味で使われることが少なくない。しかし、「全体」をそのように「欠けるところがない」という意味で捉えてしまえば、話が食いちがう。

たとえば、生まれつき目が見えない人がいるとする。視覚をはじめとする五感がすべてそろって機能することを人間という生き物の「全体」だと言ってしまえば、視覚機能が働かな

＊39　出来上がってしまった状態を前提に、その出来上がる過程を記述するということを、私は「逆行的構成」と名づけてきた。この逆行的構成は、もともと私が刑事裁判における自白や目撃の供述について、その「供述の起源」を分析する際に着目したものである。その最初の記述は『証言台の子どもたち』（日本評論社、一九八六年）、『狭山事件虚偽自白』（日本評論社、一九八八年）にある。人は時間のなかを生きている。そして、そこである出来事を体験して、それを後に誰かに向けて語ろうとするとき、その語りの時点では当の出来事は終結している。しかし、当の出来事をその渦中で体験している時点では、もちろん、その出来事がどのように終結するかを、当人も知らない。にもかかわらず、この出来事が終結して、これを後に語るとき、まるで出来事の結末を知っているかのような話が、その語りのなかに入り込んでしまう。ドラマなどで「そのとき彼は、後に～～になるとは知るよしもなかった」というような解説的なセリフが入ることがあるが、これはこの逆行的構成の一つの典型である。これは問題の出来事を実際に体験

いことはその「全体」から一部が「欠如」しているという意味で「視覚障害」と呼ばれてしまう。しかし、視覚障害者が個体としての全体性を欠いているわけではもちろんない。視覚機能が働かない状態で生まれた人にとっては、その視覚を欠いた状態で自分の「全体」を生きているのであって、それは単なる「欠如」態ではない。じっさい、そこでは視覚による視空間を身につけることはないが、そこに独自の空間認識が育ってくるわけで、それによってその人はその人なりの「全体」が生み出され、その「全体」を生きている。ユクスキュル風に言えば、視覚情報を処理するシステムを欠いた状態で、自らの環世界を一つの全体として形成していくのである。

どんな障害をかかえた人であっても、この意味での「全体性」があって、誰もが個体にそなわったその手持ちの能力を使って、それぞれの生活世界を全体として生きている。そのような視点に立って見れば、これまで症状を羅列するかたちで記述されてきた自閉症の問題なども、またちがったかたちで見えてくる。

レオ・カナーが対人関係に独特の問題をもつ一群の子どもたちを報告して、これを「早期幼児期自閉症」と名づけたのは一九四〇年代のはじめのことだが、その後、これについて膨大な数の研究が行われ、さまざまな議論が重ねられて、現在ではその背後に脳のレベルでの何らかの障害が想定されるようになっている。ただ、この障害はいまも一定の疾病単位の下に説明されることなく、なお症候群として諸症状の羅列で終わっているというのが現実である。

カナーの最初の報告によれば、次のように記載されている。

1　器質的障害を認めない。

した体験者の語りにも見られることだが、一方で、その出来事を体験してはいない非体験者がこれを語るときには、そこに預言者でもなければありえないような逆行的な語りが入り込むために、この語りの特徴に注目すれば、それが体験者のものであるのか、非体験者のものであるのかを判別する手がかりを、そこから得ることができる。供述分析のなかで見出されたこの逆行的構成が、人の発達を論じるときにも同じかたちで出てしまうことがあるのは、発達過程を順行的に追って、もろもろの力が言わば零から「形成」されていく過程を忠実に追おうとするのではなく、後に出来上がるはずの「完態」を前提にしてしまって、発達過程を逆行的に見てしまいがちだからである。上の文章を書いたときには、まだこの「逆行的構成」という用語を用いてはいなかった。

２　家族に特有の心理構造がある。
３　発症時期は一～二歳である。
４　特有の精神症状を示す。
　ａ　極端な自閉的孤立
　ｂ　言語発達に大きな遅れないし歪みを示す
　ｃ　同一性保持についての強迫的要求
　ｄ　特定のものごとに対する並はずれた巧緻性

この記述のうち１～３については、後に研究で異論が出て、いまでは通用しないと言わざるをえないのだが、４のａ～ｄの「特有の精神症状」については、いまも多くの精神科医、研究者たちによって確認されている。問題は、それぞれの症状のあいだにはたがいに直接的なつながりは見えないこと、しかし、それらを同じ一人の人間が抱えて、生きているということである。だからこそ、これを「症候群」として位置づけられているのだが、そのことを当の個体の生きる「全体性」のもとで捉えれば、元には脳レベルでの何らかの障害が想定されるとしても、それが発達上でさまざまなかたちをとって「症状」として現れてきたのであって、その症状形成の過程にはその個体なりの「全体性」があるはずである。

結果として現れた諸症状を外形的に見れば、相互に直接的なつながりは見えないとしても、その背後では一つの個体が周囲の物や人との関係力動を生きてたどってきたはずで、これを症状形成論として捉え直す。そうした発想があってしかるべきなのだが、自閉症にかかわる今日までの議論を眺めても、なおもろもろの症状を列挙するのみで、それらを一つの個体のなかで発達的に形成されてきたものとして捉え、その「全体性」を意識しながらこれを記述するという姿勢をもった議論はやはり少ない[*40]。

3　完態の視点から見た「個体能力論」の逆行性

順行的な形成過程としての発達

なんらかの障害をもっていて、そこに起因する諸症状が一個の個体の全体性において展開する、その過程を症状形成論として記述するという発想は、障害をもたない子どもたちが周囲の人や物との関係力動を生き、ごく定型的な流れで育っていくその発達過程についても当てはめられるべきものである[*41]。

個々の個体が一個の全体としてこの世界を生きていく。そのために身の内に蓄えたもろもろの能力は、どれほど生理的なレベルに近いものであっても、原理的に言って、周囲の物や人との関係力動の展開ぬきにはありえない。そして、その個体が完態レベルに達したとき、人間ならばまずこうなるはずだという行動がおおよそそこに実現される。しかし、ここで誤解してならないのは、そこで達成された最終的な姿が、類として最初から予定されているにしても、それが実現するには、あくまで当の順行的な形成過程を経なければならないことである。

個々の個体が身につけるあらゆる能力は、言語行動あるいは言語能力について右に見たように、ほとんど零の状態の新生児から、やがてそれが完態に向けて形成されていくその過程をその流れのとおり順行的に追えば、そこには周囲の物や人との関係力動が深く絡んでいる。ところが、その能力がいったん出来上がってしまうと、それらはまさに個体能力として、い

＊40　ここ最近「発達障害」が盛んに議論されているが、これについての診断基準は、DSMなどを見ても症状の羅列でしかなく、そのうちの何項目かが当てはまれば、その障害として診断されるというようになっている。その意味では、ここで言う症状形成論とは真逆の姿勢に立つものと言わなければならない。症状形成にかかわるこの議論については、浜田寿美男編『「私」というものの成り立ち』（ミネルヴァ書房、一九九二年）、浜田寿美男『「私」とは何か』（講談社、一九九九年）を参照されたい。

＊41　このごく一般的な流れで育つ人たちの発達が、後には「定型発達」と呼ばれるようになる。これは一九九〇年代の初めに自閉症児者たちの当事者運動から生まれた用語で、上の文章を書いたころにはまだなかった。それまでは「健常」な人たちを前提に発達を論じ、「障害」児者たちはそこから外れ、あるいははみ出すものとして捉えられていたのだが、当事者運動が立ち上げられていくなかで、自閉症などの「障害」を神経学的多様性の一つとして捉えなおして、多くの人たちがたどる、そ

つでもどこでも使える自律的な能力として、最初から個体のなかに配備されているかのように考えられがちである。

発達は、最初受精卵でしかなかったものが、最後には生き物として予定された完態へと展開していくのであるから、それはまさにほとんど零の状態から順行的に「形成」されていく過程である。ところが、おとなになって「完態」に達してしまっている私たちは、すでにこの能力を獲得していて、この能力がどういうものであるかを知っているために、その既知の能力をあらかじめ想定して、その獲得の過程を逆行的に見るようなことになりがちなのである。人がこうした狭義の意味での個体能力論に囚われやすいのは、そのためである。

認知と情動の二元論

認知能力の発達についても、一般には、個体能力論のレベルで論じられることが多く、それはピアジェの発達論が一世を風靡していたころから今日に至るまで変わっていない。そこにも同様の逆行的な構成の問題がある。

ピアジェは、その発生的認識論で知られているとおり、認知的な諸機能について、それらを認識としてまとめあげる構造があるとして、それが段階的に展開するという発達段階論を立てた。ピアジェが実験・観察を重ねて、膨大な研究成果を積みあげたことは、それだけでも大変な業績であったのだが、しかし、ピアジェの発達段階論がはたして真に順行的な形成論でありえたかどうかには疑問がある。むしろ、人類が到達した物理数学的認識を念頭において、そこから逆行的にその認識の獲得過程を構成するということになっていなかったかどうか。

れまで「健常」な発達と捉えられていた過程を「定型発達」と位置づけ直したのである。（第6章、170頁）

順行的な目で発達＝形成の過程を見ようとすれば、認知の発達とともに、そこに情動などの諸機能がどう絡んでいくのかをも押さえていなければならないはずである。じっさい、そうした批判がピアジェに対して向けられていた。ピアジェ自身は、その理論のなかでつねに人間の全体性を標榜してきたこともあって、この批判を受けとめて、情動発達論をも構想している。ただ、その議論が成功しているとは言い難い(＊42)。

従来、認知と情動とは別個に、もっぱら並列的に論じられることが多く、ピアジェに情動論を求めるのは、お菓子屋へ行ってお酒を注文するようなものだと反論する人もいる。しかし、そもそも人間は全体であると考えるならば、認知と情動をお菓子屋と酒屋にたとえて、両者をまったく別物であるかのように扱うことはできないはずで、その点、ピアジェがその批判を受けて、それなりに認知、情動を統合する理論を試みたその意気は高く買ってよい。しかし、残念ながら、その理論化は安易で、お菓子屋と酒屋とを隣に並べただけで満足しているかのように見える。

彼の考えによると、認知は行動のための構造、情動はその行動のためのエネルギーに相当する。つまり、行動を行うためのシェマ＝図式になるのが認知構造であり、その図式に従って行動を駆りたてるのが情動エネルギーだということになる。これを自動車のエンジンとガソリンにたとえて説明されれば、そうした機械の比喩になれている私たちは、なんとなくなるほどとうなずいてしまいがちになるが、これが単なる比喩以上の意味をもつかどうか。考えてみると、これがまことにあやしい。

＊42　ピアジェの情動発達論については、後に私は『ピアジェとワロン』（ミネルヴァ書房、一九九四年）で論じることになる。ピアジェが情動発達論を認知発達論とほとんど並行的に展開したのにとどまったのに対して、ワロンは情動の働きが認知の働きと絡み合いながら展開するものとして発達過程を論じている。一般には情動は対人関係、認知は対物関係にかかわるものと考えられやすいが、対人関係についても認知機能が重要な役割を果たしていることは、たとえば自閉症の子どもの育ちを見ても明らかだし、ワロンなどは対物関係においてもその背後に対人での姿勢情動の機能が重要な役割を果たしているというかたちで理論を立てている。認知と情動、対物関係と対人関係という分け方にはそれなりの意味があるが、いずれにしてもこの二つの軸が全体として相互に絡み合いながら展開するものだということを理解しておくことが必要である。ただ、その全体へと向かう発達の大理論が、上の文章を書いた時点ではなお強く求められていたが、二〇二〇年代のいまは、個別領域に限定しての小理論が乱立していて、大理論

個体能力論を浮上させる状況世界

人のもろもろの能力のあいだの発達連関をどう考えるかは、もちろん認知と情動に限らず、あらゆる心理学の領域で問題になる。そもそも、人間のどの部分能力を取り出しても、その全体とかかわらないものはない。発達の過程では、これらの諸能力が絡み合って、新たな能力が形成され、そこから新たな全体が展開して、やがてそれぞれに「完態」に至る。そして、この発達過程でどのような能力が重視され、全体がどのように展開していくかは、当の人間のおかれた時代状況、社会状況によって大きく影響される。

今日の社会ということで見れば、なにより情報処理能力を中心とする認知能力が重視されている。そのなかにいれば、あたかも時代を超えて、すべての人間が個々にこの認知能力を獲得することがなにより必要であるかのように見える。ここに認知諸能力にかかわる個体能力論が自明のものであるかのように現れてくるのである。

人の全体性に照らしてみれば、相対的に部分でしかない個体能力が、この歴史、文化のなかで自明の到達目標と化して、その獲得こそが必然であるかのように見なされていく。そうした状況が歴史的、文化的につくられているのではないか。そうだとすれば、この状況を相対化するためにも、状況世界のレベルでの議論を構想したうえで、個体のありよう、関係のありようをあらためて論じ直す作業が必要となる。

心理学の世界では、社会心理学の一部の研究者を除いて、多くはこの社会的な状況の問題を自分たちの領域外においてきた。しかし、社会的な状況が現実に個々人の具体的な関係のあり方を左右しているとすれば、これを心理学の問題として取り上げないわけにはいかない。第1章に述べたように、「子ども」という視点は、かつて社会状況に対する批判としての意

を立てようとする機運はほとんど見られない。じっさい、そのような大理論は、下手をすれば、空疎な抽象論に終わってしまいかねない。そうした危険性があることは確かだが、ではその試みは無意味かと言うと、人が全体として生きている以上、どれほど未熟であっても、そこへと向かう姿勢を失ってはならないと、私は考えている。

味をもちえていた。しかし、発達心理学は科学たろうとすることによって、そうした批判の視点を喪失し、その結果、子どもをその状況から切り離し、子どもをそれ自体として取り出して研究できるかのような錯覚に囚われてきてはいないだろうか。それでいて実態はむしろ逆に、今日の発達心理学は、この社会状況をこそ疑うべからざる前提として、子どもの問題を個体能力論のレベルに押し込んで、その発達論に終始することになってはいないか。

社会状況は子どもの外にあるのではなく、むしろ、子どもはその状況の渦の中にあって、それによって生活を左右されている。それだけでなく、個々の子どもが自ら社会状況に入り込み、当の社会状況をつくり上げ、支えてもいる。その意味で、個体も関係も、この状況世界のなかの部分としてあることを確認しておかねばならない。(＊43)

＊43　社会状況が子どもの育ちにどのように影響していくかについては、むしろ社会学のなかで大胆な大理論が展開されている。たとえば、ブルデューの『ディスタンクシオン』などは心理学的な発達理論を触発するだけの力をもっているように、私には思える。

第3章　疎外の個体発生論に向けて

本章は、月刊『児童心理』（一九八三年七・八・九月号）をもとに、そのなかの九月号を大きく編み直したものである。

生活世界という見方

人間は生活主体としてひとつの全体であり、全体としてこの与えられた状況のなかを生きている。これは人間の問題を考えるうえでごくごく当然の前提である。ところが、あまりに当たり前すぎるためであろうか、この前提が現代心理学のなかにどう内実化しているのかと、あらためて虚心に見つめ直してみると、なんとも心許ない。心理学の科学化に伴って、細分化、精緻化は着々と進行している一方で、この全体性という前提がかえって裏切られる結果になっているようにも見える(＊44)。

発達心理学についても事情は同じである。人の発達についてある個体能力を取り出し、年齢という物差しのうえでその発達的な展開を追うことは可能だが、それが人の生活世界のなかでどのような意味を持つかが判然としない。人はそれぞれ主体として周囲のさまざまな物や人とかかわりながら、その独自の生活世界を展開させて育っていく。つまり、その対物の関係も対人の関係も、当の主体が生きるそれぞれの生活空間のなかで、それぞれの生活時間に沿って展開する。この生活空間という「場」、生活時間という「時」の文脈をぬいて、人が生きる関係力動の全体を捉えることはできない。

それゆえ、関係力動レベルの諸現象については、それを単に認識能力の側面からではなく、

＊44　生活主体である人間からある「部分」を取り出して研究の対象とするというのは、「神の視点」に立って人間を研究しようとするかぎり、現実的にはやむをえないことかもしれない。しかし、そこにおいても対象とした当の「部分」が「全体」のなかでどのような意味をもつのかを意識しておかなければ、そもそも何を研究しようとしているのかさえ曖昧になる。たとえば、心理学が自然科学に範を取って数量的な方法で人間にアプローチするとき、そこでしばし

生きる人間の生活において捉えることが求められる。つまり、この関係力動の展開される時空を、まさに生活空間、生活時間の問題として論じなければならないはずである。そこで、以下、生活空間としての「場」、生活時間としての「時」について考えてみることにする。

1　生活世界のなかの場と時

関係の場

空間を生活主体から切り離して認識の対象として見るという考えは、素朴には、空間を単に物や人の容れ物として捉える考えに帰着する。ニュートン物理学においては、空間は、どの方向にも等質的に広がり、どこにも特異点のない三次元等質空間として想定される。この考え方には一面の真理性がある。だからこそニュートン以来の物理学は、工業技術を介して人間の世界をすっかり変貌させてしまうほどの成功をおさめた。ところが、その圧倒的成功のゆえに、他方で、人々はその一面性を忘却し、三次元の等質空間のみが真実の空間であると思い込まされて、私たちの身体もまた、そのなかの一個の物体として、どこへ行っても特別なところのない等質的な空間をただださまようだけであるかのように見なされてしまう。

しかし、自分自身の生の実感を捉え直して、あらためて身の回りを見るとどうだろうか。この私たちの生きている空間はけっして等質的ではない。なんといっても、私の存在するこのいまの場こそは、他のそこあそことは明らかにちがう特別な場である。人間が身体をもっているかぎり、ものを見るのはこの目によってであり、音を聞くのはこの耳によってであり、痛みを感じるのはこの皮膚によってであり、この苦しみにもだえるのはこの身の内によって

ばこの「部分─全体」問題がもち上がる。じっさい、具体的に何かを数量的に計測しようとするとき、その計測の対象はやはり人間のある「部分」でしかない。一例を上げれば、「知能」を計測しようとして知能テストを考案するとき、そこで取り出した人間の「部分」がはたして真に「知能」であるのかどうかは確かめようがない。たしかに、それは人間の何らかの機能を測定しているはずだし、たとえばその結果を学校教育の制度設計に用いることが可能ではある。しかし、このテストが実際に何を測定しているのかはそれそのものからは明らかにならない。そこで、逆に知能テストで測ったものを「知能」とするという操作的定義をもち出して、各種のテストで測られた結果の相関関係を見出し、そこに知的諸機能の関連構造を描こうとしたりする。そうした研究方法がありうることを認めたうえで、しかし、それが何を捉えたことになるのかは曖昧なままである。数量化することで一見科学として精緻な議論を展開しているようでいて、じつは人間の部分化をどんどんと推し進めてしまう側面を否定できない。

である。

　これに対して、ピアジェなどは、自分のいるこの地点を相対化して、他の地点と同等のものでしかないと理解すること、あるいは自分のこの目から見た視角が、他の位置にいる他者の視角と同等であり、交換可能であると理解することこそが、子どもの発達のひとつの基本的過程だと考える。たとえば、「三つの山」という有名な実験がある。図4のような箱庭を子どもに与えて、Aの地点に座らせて、Cの地点に人形を置き、その子に対して、Cにいる人形から見たとき、この三つの山がどのように見えるかを予測させる。すると五、六歳までの子どもは、Cから見ても、いま現に自分がAにいて見ているのと同じように見えると予測したり、あるいは多少ともそのAからの視角に引きずられた予測をしてしまう。つまり、自分が現に行っている体験に中心化してしまって、そこから脱け出すことが困難なのだという。

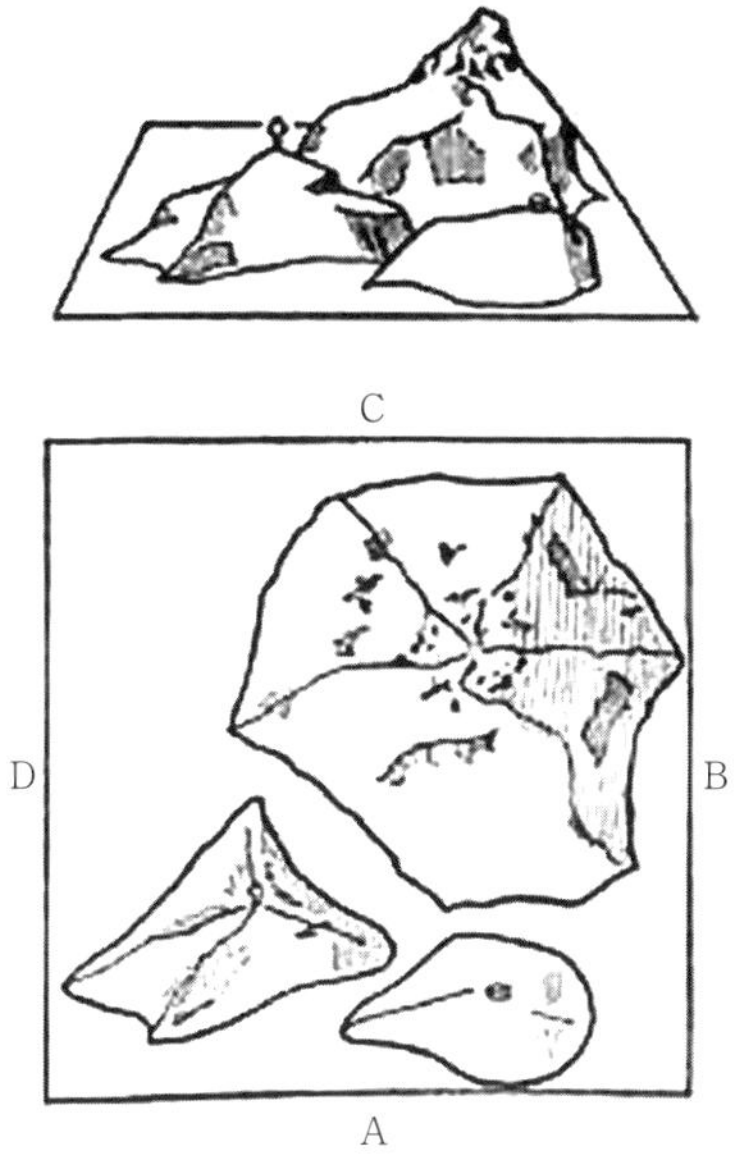

図4　三つの山の実験

ところが七、八歳を越えてからは次第に自分の視角を離れて予測できるようになり、九、一〇歳ではほぼ正確に視角の転換ができる。この過程をピアジェは自己中心性から脱中心化していくこととして記述している(＊45)。そのようにして、子どもは主体の視角を離れた客観的な三次元の等質的なユ

＊45　ピアジェの「自己中心性」という概念は、考えてみれば非常に面白いものである。ただ、ピアジェはこれを幼児心性として、やがてそこから脱け出していくべきものとして位置づけて、その「脱中心化」をこそ発達として位置づけることになった。しかし、当たり前のことだが、人間が生き物として個々の身体の位置から生きている以上、その身体の位置から周辺世界を生きることは言わば宿命であって、どれほど発達しても、人はそもそもその身体性を脱け出すことができない。それゆえ、脱中心化をこそ人間の発達の本来的な道筋であるかのように言うのは、一面の真実性をもつものではあるが、裏返して見れば、それは逆行的構成の産物であって、人は身体でもって生きている以上、どこまで行っても自らの自己中心性を抱えつづけるという他面の真実を見逃してよいわけではない。これが「本源的自己中心性」である。たとえば、他者のことを慮って利他的に振る舞うときでさえ、その利他的行動そのものが自己中心的になされてしまうことがしばしばである。加藤周一はそのことを「自

ークリッド空間を獲得することになる（注1）。

　このような脱中心化が、子どもの発達の過程に認められることを私はもちろん否定するつもりはない。ただ、脱中心化の事実を認めつつ、同時にこの脱中心化が一面的・部分的でしかないことを確認しておく必要がある。ピアジェなどは、この脱中心化の積み上げのうえに、あたかも純粋に客観的な科学の世界が展開するかのごとくに思いなしているが、実際のところ、人間が神ではなく、一定の境界に隔てられた特定の身体をもつ存在である以上、私たちはけっして自分の中心を離れきることはできない。相手の視点からどう見えるかを予測はできたとしても、やはりいま現に見えているのは、この私の目から見た光景以外のなにものでもない。つまり、私たち人間は神のように遍在できない以上、どこまでいっても本源的な自己中心性につきまとわれている。それゆえに、私たちの生活空間はなにより私の身体という特異点を軸にして張りめぐらされている。そこでは、空間は、両眼が向かう前方と目では捉えられない後方、空へつらなる頭上と大地へと結ぶ足下、そしてさらに左右の利き手側と非利き手側に分化して、非等質的な空間をなしている。

ホームの形成と往還の世界

　いや、そのように身体を軸に非等質空間が張りめぐらされているというだけではない（＊46）。生活空間には、身体という特異点があるというにとどまらず、さまざまの意味を帯びた特異な場所が存在する。たとえば「家」という空間、それは物理的空間として見れば、もともと野外の非特異的な空間に仕切りを立て、おおいをかぶせたものに過ぎない。しかし、そこを寝ぐらとして生活する人間にとって、そこはただ単に居るだけの場ではない。文字どおり、そ

己中心的利他性」と表現している（『日本人の死生観下巻』岩波新書、一九七七年）。

＊46　上の文章を書いていた当時、大学院時代にお世話になった柿崎祐一先生をはじめとして同窓の先輩諸氏とK・コフカの『ゲシュタルト心理学の諸原理』の翻訳作業に取り組んでいたことを思い出す（残念ながら、この翻訳作業は出版には至らなかったが）。そこには「地理的環境」と「行動的環境」という対となる用語が出てくる。地理的環境というのは、ここでの三次元等質空間を指すもので、行動的環境は身体を携えた人間がその内側から生きる空間のことを

こは住まう場となる。三次元等質空間においては、私たちはただそのなかを移動し、あるいはそのどこかで停止するというに過ぎない。つまり、どこかに居たり、あるいはどこかを通り過ぎているにすぎない。ところが、私たちが身体をもって生きるこの生活空間では、私たちは必ずどこかに自分の棲み家を求め、そこにいわば根をおろす。そして、生活はその拠点から始まり、その拠点に戻る。拠点を離れてどこかへ赴くとき、それは三次元空間内の単なる通過や移動ではない。それは、やはりどこかへ往くことなのである。同じように、再び生活の拠点へと足を向けるとき、それは家へ還ることである。このように考えてみると、私たちの移動はすべてつねに「往還」として成り立っていることが分かってくる。ただ、どこかに絶対的な拠点があるというのではない。たとえば、私は瀬戸内海にうかぶ小豆島から京都の地に来て、あらたに家を構えたのだが、ときにその故郷の古家に還る。そして京都では、家から大学に往き、また還る。さらに大学では研究室から教室へ往き、授業が終われば研究室へ還る……そんなふうにして私たちは往還を繰り返す。

　私たちには住まう場があり（いまの例では故郷、家、研究室はそのつど、私の住まう場である）、そこからどこかへ往き、どこかから還ってくる。生活空間としての私の場は、そのように分化するし、それによって非等質化している（注２）。

　子どもの成長の過程においき直してみたとき、この生活空間の問題は、従来の発達心理学が主題とした空間認識の問題とは根本的に異なる新たな主題として浮かびあがってくる。たと

注１　ピアジェ＆イネルデ（波多野・須賀・周郷訳）『新しい児童心理学』（白水社、一九六九年）

注２　この往還についての議論はボルノウ（大塚恵一訳）『人間と空間』（せりか書房、一九七八年）による。

指す。誤解のないように言っておけば、ここでの「行動」は行動主義が言うそれではない。たとえば、このコフカの本のなかには次のような逸話が出てくる。大雪の降っているなか一人の旅人が平原を渡って一軒の宿にたどりついた。入り口に迎えに出た宿の主人から「どこから来たのか」と問われた旅人が背後の平原を指して、その向こうからやってきたと言うと、宿の主人は驚いて旅人にこの平原が氷の張った大きな湖だと告げ、よくも無事に渡って来られたものだと言った。それを聞いた旅人はその場で恐怖のあまり気を失って倒れたというのである。旅人が渡ってきたのは旅人の行動的環境としては雪の降り積もった「平原」だったのだが、地理的環境として見れば、それは「氷の張った湖」に過ぎず、馬に乗って渡るなどというのは危険極まりないものだったのである。心理学が記述しようとするのはここでの地理的環境ではなく行動的環境である。ただ、一方で人間はその行動的環境の背後に三次元の等質空間として地理的環境を描くこともできる。そこに人間の両義性が働いているのである。

えば、赤ちゃんはどのようにして家に住まうようになるのか。自分のベッドやフトン、あるいは母の胸を、自分の落ち着き場所として確保するところからはじまって、住居内のさまざまの場が分化しはじめ、そこに自分の居場所を見定め、同じ住居内の移動も往還として成立するようになる。歩行が可能になると、家の内と家の外とは明確に異なる意味をもちはじめ、文字どおり出かけることをおぼえ、還ってくることをおぼえる。

　こうしたことはあまりに当たり前すぎて、ことあらためてとりあげることを、いぶかしく思われるかもしれない。しかし、この当たり前のことが実際にどのようにして成立してくるかと考えてみると、これが急に不思議に思えてくる。そして、現にこの当たり前のことが当たり前のこととして成立していない例に出会うと、さらに驚きは増す。

　人は自分のおかれた生活の場に住まい、そこから往還するという生活空間の構図を形成していく。しかし、そのような構図を形成していくことに障害をもつ子どもたちがいる。たとえば、自閉症の問題は、こうした文脈のなかにおいてみてはじめて正しく捉えられるのではなかろうか。私たちが平常生活している生活平面より少し高い所（窓のしきいとか屋根とか）を好むこと、鉄砲玉のように飛び出して戻ってくることを知らず、よく迷い子になること、どこかに行くとき決まったルートに固執し、ルートをはずすとパニックを起こしたりすること、こうした行動は、空間認識の障害としてより、むしろ生活空間の構図を形成するうえでの障害として捉えねばならないのではないか。もちろん、この生活空間の構図を形成するためには一定の空間認識能力が必要であろう。しかし、問題は空間の客観的認識に還元されるものではない。(＊47)

＊47　ここで考えておかなければならないのは、「空間の客観的認識」と呼ばれたものが発達の結果として後に登場したものだということである。それをあらかじめ到達すべき課題であるかのように位置づけてしまえば、そこには先に述べた逆行的構成が生まれてしまう。

歩行の世界と言葉の世界

このように見てみれば、人間の歩行は単なる物理的空間の移動ではないことにあらためて気づく。歩行の能力を身につけた赤ちゃんは、それ以前には親に運んでもらってしか移動できなかったのに、ここからは自分の二本足で立って、自分の好きなところに行けるようになる。つまり、歩行の能力を身につけたことで、それ以前にはなかった歩行の世界を新たに味わうようになるのである。そして、その歩行の世界は単なる移動空間ではなく、たったいま述べた往還の世界である。(＊48)

単なる移動ではなく往還だということは、その往還の元となる「ホーム」が形成されているということでもある。たとえば、歩行を身につけたばかりの赤ちゃんが、母親の膝に抱かれていて、何か興味を惹かれるものを見つけて、立ち上がり、そこに向かって歩を進める。しかし、そこで不安になったり、怖いものを見つけたりすれば、すぐに母親の膝に還る。もちろん、歩行にはかぎらず、這い這いであっても、その移動は単なる移動ではなく、ホームを軸にしての往還なのである。そう考えたとき、赤ちゃんにとって空間が単なる移動の空間でなく往還の空間となるためには、そのときまでに赤ちゃんにとってホームが形成されていなければならない。そして、このホーム形成の背後にあるのが、安定した対人関係の場であって、たったいま上げた例では「母の膝」がそれに当たる。

人間には、そもそも対人関係を形成するためのもろもろの装備が生得的に具わっていて、だからこそその諸装備の発達的な展開のもとに対人的な関係が形成されていく。しかし、その諸装備に生まれつきハンディをもっている子どもたちがいる。いわゆる自閉症の子どもたちである。彼らはそのハンディのゆえに対人的な関係がうまく育っていかない。一方で、姿

＊48　ここでの議論は、第1章で見た発達機能連関の話（35頁）や、第2章の症状形成論の話（61頁）に絡む。定型発達の流れをたどった先で私たちが獲得した「私たちの当たり前」を前提において逆行的に発達を考えるのではなく、この「私たちの当たり前」をまずは疑い、それがあくまで「形成されてきた」結果であるという見方をいかに堅持できるかが、ここでは問題になる。私たちはすでに三次元等質空間を形成してしまっているがゆえに、赤ちゃんの行動を記述するときにも、その三次元等質空間を前提において、その記述用語で赤ちゃんを見てしまうが、発達的にはもちろん非等質の生活空間からはじまって、やがて往還の構図が生まれ、さらには周囲の他者たちとの共同の生活を経て、その他者たちをも同じ空間のなかに組み入れて描く空間の構図が展開していく。そういうかたちで最終的に地理的な等質空間が形成されていくという順で展開していくのであるから、これを逆行的に考えてしまうのは、「私たちおとなの当たり前」を前提にした誤謬である。

勢や身体運動面の発達にハンディがなければ、歩行は遅れなく育つことになるのだが、そうして対人関係のベースとなるホームが育たぬままに、移動を可能にする歩行能力が順調に育ったとき、その移動が往還にならない。結果として、往ったまま還ってこないということになってしまう。自閉症の子どもが個体として移動する能力を十分に身につけたとき、往きっぱなしで迷子になって、しかも見つかっても平然としていることがある。

一般に、歩行によって移動する能力が育つころには、対人的な意味でのホームがすでに形成されている。そのことで空間が往還の場として安定するのである。ちなみに、対人的な関係の育ちがはっきりと表れた結果の一つが言葉の育ちである。先にも見たように、言葉の力が身につくことによって対人コミュニケーションが成り立つというより、むしろ対人的な関係が安定し、そこで言葉以前の声や仕草のコミュニケーションが育つことによって、そこからはじめて言葉が成り立つ。つまり、言葉の成り立ちは対人的関係が十全に成り立った結果である。そう考えてみれば、言葉が出はじめるのも、歩行がはじまるのも、おおよそ一歳前後であることには意味があると言ってよい。言葉と歩行は、一見、直接には関係がない二つの能力であるかのように見えるが、じつは、人間の空間が往還によって成り立ち、その往還の軸となるのが対人的な場であることを考えれば、この両者が連動して育ってくる姿が見えてくる。(*49)

私たちが生活のなかで身の回りの物や人にかかわるとき、その行動の場になるのは、ピアジェに代表される発達心理学者が考えるような認識空間ではなく、たったいま述べたような意味での生活空間である。ところが、この生活空間の問題について心理学者たちはこれを真剣に扱ってこなかったように、私には見える。私たちは、この関係の場をその関係のままに

*49　こうしたことを私は「発達的機能連関」というかたちでイメージしてきた。それは諸々の機能の発達を数量化して取り出し、そこに相関があるかどうかという目で見るのではなく、むしろ生活者の行動として必然的にこうした連関の構図が生まれるという記述レベルの話である。

記述する作業をはじめていかなければならない。そうでなければ、関係レベルの発達の全体性を内実化することはできない。

関係の時

時間についても同じ問題がある。一言で言えば、現代の発達心理学の捉える時間は、客観的、対象的な時間、つまり認識の対象としての時間であって、主体が自ら生きる時間ではない。空間のばあいと同じように、それは、認識的時間であって生活的時間ではないのである。それゆえ子どもが周囲のものとさまざまな関係を取り結ぶ様を、その時の流れのうえで見ようとするならば、私たちはここでも、従来の発達心理学の知見を留保して、子どもの生きる時の記述へとあらためて向かわなければならない。

最初に触れたように、人間は時間的存在だと言うとき、その時間は時計的な時間ではなく、この生きる時である。この時は、等質的に流れる一次元の時間尺度で任意に切り取られるようなものではなく、まさに私たちが直接に生きているいまを中心にした非等質的な時間なのである。私たちは、不明の過去からここのいまにたどりついたのであり、さらに、ここのいまから未明の明日に向けて歩み出す。こうした人間的な時間構造のなかで、私たちはどういうあり方をしているのだろうか。

私たちは、この存在を選んだのではない。いや、選ぶとか選ばないとかいう意識の登場する以前に、私たちは存在している。言い換えれば、私たちは気づいたときには、もはやすでにこの世に生まれ出ている。私たちは、自分たちの意図を離れて、言わば受け身でこの世に生み出されたのであり（I was born）、自分の意志とはかかわりなくこの世に投げ込まれた

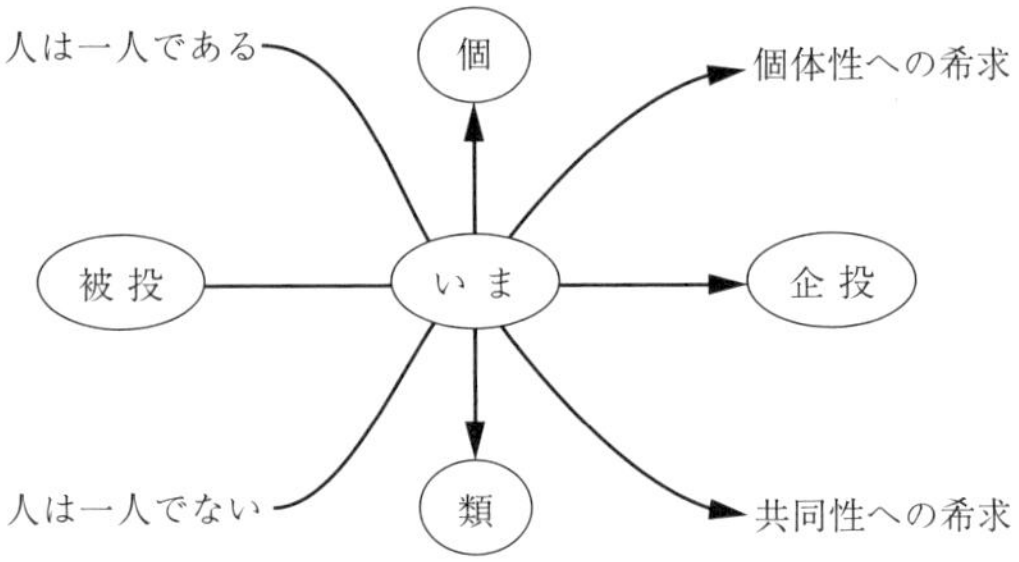

図5　人間の被投―企投の構造

のである（＊50）（注3）。

そして、自分の存在に気づいたいまも、私の背後には、もはや自分の意志ではどうしようも動かすことのできない過去が積み上げられ、それによって拘束されている。このようにこの世に投げ込まれ、もはや自分の力では左右できない部分を、ハイデッガーにならって、人間の被投性と名づけておこう。しかし、人間は、この過去からの圧倒的な被投性に押しひしげられながらも、完全にそれによって縛られてしまっているわけではない。その投げ込まれたところから、私たちは明日に向けて、いかにわずかなものにせよ、自分のなにがしかを投げかけ、新たな何かを追い求めようとしている。これは、被投性に対して企投性と言える。人間は、このように、この世界に投げ込まれつつ、同時にこの世界に向けて自らを投げかけていく存在なのである（注4）。

さて、人間が周囲のものと関係をとりむすぶのは、このような人間の時間的存在様式のうえでのことである。たとえば、人が他の人ととりむすぶ関係をその文脈のうえにおいて考えてみよう（図5）。まず、人間が投げ込まれてある被投的側面を他者との関係性においてみたとき、そこには、人は「どうしようもなく一人である」という部分と、他方で「どうしようもなく他者と共にあって、その共在性を免れることができない」という部分がともにみとめられる。これは明らかに矛盾であるが、人はそもそもそうした矛盾を生きることを余儀な

＊50　「私は生まれた」という表現は、日本語では受け身ではないが、これを、発達心理学の文脈であらためて読めば、じつに新鮮に見えてくる。ただ、一般に発達心理学では「私が生まれる」ことをとくに取り立てて問題にはせず、これを単に子どもの出生として語り、そこからその子どもの育ちを論じようとする。そして、その論じようとする当の私たちはすでに定型発達上の「完態」として出来上がっていて、その出来上がったところを前提に、他者としての子どもの育ちを客観的に見ようとする。

くされている。人が個的存在であり、なおかつ類的存在である以上、この矛盾は誰しも免れがたい。特に人間のように、個体的意識に目覚めた存在にとっては、この矛盾がそれだけ表面に強くあらわれてくることになる。

人は一人である。へその緒を断たれ、自分で息をし、自分で栄養をとりはじめたその時から、呼吸を止め、口を利かなくなるその時まで、人は結局、自分一人の身体をもって生きる。私の身体に固有にそなわった六根、眼耳鼻舌身意を介してしか世界を捉えられない。ピアジェのようにいくら脱中心化を説いたからといって、人はけっして自分の身体から脱け出して、神の遍在性を身につけることはできないのである。このように、どこまで行っても人は、この本源的自己中心性を免れることができないという意味で、人は徹底的に孤独である。いわば宿命として孤独であることを強制されている(＊51)。

しかし、一方で、人は一人でない。いかなる人もみな母という人から生まれ、しかも生後数年間、母や家族の庇護の下に育つよりほかない。それにまた、私という個に目覚めるはるか以前から、人は他の人の動きに呼応して、声に共鳴し、身を震わせてきた。最近の研究からは、生まれてすぐの赤ちゃんが母親の仕草に共鳴動作《コアクション》を返し、おとなの音声のリズムに身体をあわせ、また一、二カ月で目を合わせ、微笑を交わし、微妙なコミュニケーションのやりとりをすることが明らかになっている。人と人とを決定的に隔てる身体が、同時に人と人とを共振させるのである。人は他者を無視することができない。他者がそこに存在するとい

注3　吉野弘の詩 I was born には、お腹の大きな妊婦を見て、ああ人が生まれるというのは、その英語の表現通り「受け身」なんだと思ったという話が出てくる。

注4　ハイデッガー（熊野純彦訳）『存在と時間』一～四（岩波書店、二〇一三年）。

＊51　ここで「強制されている」という表現を用いるのは、やや語弊があるかもしれない。もちろん、これは誰かに強制されているという趣旨ではなく、「宿命としてこうならざるをえない」という条件を生きているということである。自分から選んだのではなく、こうならざるをえないというこの「強制」性を、人は意識してしまうようにできている。その結果、後述するように、人は一方でそこから免れる方向を「希求」し、模索する。つまり、孤独を強いられているという「強制」の意識が他者との共同・共在の「希求」へつながる。また同様に、これもすぐ後で述べるように、他者との共在を強いられているという「強制」の意識が他者から切り離された孤独・個性の「希求」へつながる。上の図5はそのことを表したものである。

うだけで、もう私の個の世界はそれ自体で閉じることができない。さらに言えば、個体としての自我意識に強く目覚める思春期から青年期においては、個体意識の強化とはまったく裏腹に、異性への強い希求がうごめきはじめる。母の腹から生まれ、家族のなかで育ち、異性への想いにこがれるその私たちは、さらにメシのタネを稼ぐために、この与えられた社会体制のなかで生き、働かざるをえない。人間は否応なく、生み落とされたこの社会のなかで他者と共在せざるをえないようにできている。人はみな、いわば宿命として共在を強制されているのである。

強いられた現在から希望の明日へ

人が孤独であり、同時に共在的であることは、いずれも人が選ぶことのできない宿命である。人は人である以上、そうした運命のなかに投げ込まれている。しかし、宿命を宿命と見定め、そうであらざるをえないことを認めたとき、そのまったく同じところに反転の契機がうごめいている。

孤独は強制された宿命だと諦めるまさにその地点に、孤独からの反転の契機が芽ばえる。つまり、人は一人であると思ったそのとき、あるいは一人であることを被投的に強制されていると気づいたとき、その思いのただなかに、一人ではありたくない、他者とともにありたいという共同性の希求があることに気づく。同じように、人は一人ではありえない、人は他者とともに生きざるをえないのだと思い至ったそのとき、その思いのなかには、一人でありたい、他者から逃れたいという個体性への希求がひそんでいる。(*52)

孤独の強制、共在の強制を、まさに強制と感じるそのことのなかに、反転して共同性を求

＊52　ここで「希求」という用語で語っているのは、生身の身体でもって生きている人の、まさに「渦中の視点」からのことである。私は大学で心理学を学びはじめて以来、その心理学の目指すものが、人間行動の客観科学として、つねに「神の視点」に立とうとしていることに違和感をもちつづけてきた。人がその日常の世界で「希望」を語り「絶望」を語り、あるいは「未練」を語り「後悔」を語るのは、つねにその主体が「渦中の視点」に立っているからである。

め、個体性を求める希求がある。被投的な強制の相が企投的な希求への反転の相を孕んでいる、そうした矛盾のなかに人は生きているのである。

私は人を愛せないと言い切る人のなかにこそ愛への激しい望みがあり、父も母も子も友もしょせん他人だと思い切る人のなかに、他人ならざる他者との共同への想いが秘められていたりする。昨日からいまへ、いまから明日へと生きている私たちの時の構造は、矛盾と反転が錯綜しあっている。そうしたなかにおいてこそ、人が人と結びあう関係を全体的に捉えられるはずである。

このように見たとき、現代の多くの発達心理学者たちは、もっぱら企投的な側面にのみ目を向けていることに気づく。個々の子どもの個性に応じた能力の開発を目指すにせよ、「みんな仲良く」をスローガンに集団主義の教育を目指すにせよ、そこには人間のもつ圧倒的な被投性の認識が欠けており、それゆえそこからの矛盾・反転への視点もないように見える。

そもそも考えてみれば、「発達」という概念自体は前向きでしかない。人はどこかから来てどこかへ行くのだとすれば、発達心理学者の見ようとするのは、もっぱら「どこへ行くのか」というところにある。いや、それさえも、成熟しておとなになり、あるいは自己実現を果たす頂点までのことで、そこから先、やがて老い、土に還っていくというところに目をやろうとしない。そこには自分たちのひきずっている根、つまり、身体とその土着性への視点が欠けているばかりでなく、人にとってどうしようもない宿命を引き受けるという視点にも欠けている。だからこそ、障害はもっぱら越えられなければならないことになり、それをあるがままに引き受けることには目をつむる。(*53)

たしかに障害を越えようとする企投の意味は大きいかもしれないが、しかしそれが真の意

*53　もちろん、発達心理学の周辺には、さまざまな研究者がいて、上記の文章を書いていたころにも、『幼児自閉症論の再検討』（ルガール社、一九七八年）など、独自の自閉症研究で知られていた小沢勲さんと出会うきっかけがあり、ずいぶんといろいろ学ばせてもらった。その小沢さんはその後、自閉症の世界から認知症の世界へと仕事の軸を移して、高齢者施設の現場からその生活世界を描くことを試み、『痴呆老人から見た世界』（岩崎学術出版、一九九八年）や『痴呆を生きるということ』（岩波新書、二〇〇三年）を刊行している。老いを生き、そして認知症を生きる、その世界を描くという姿勢は、その後の障害研究、高齢者研究にパラダイム変換をもたらす大きなきっかけになったのではないかと思う。

味をもつのは、越えがたい障害を被投として引き受けたうえでのこと。あるいはまた、発達過程で人が脱中心化を果たしていくことの意味は確かにあるとしても、だからと言って身体的存在としての人間を無視し、人間の本源的自己中心性を忘れてよいわけはない。脱中心化が意味をもつとすれば、それは人間の本源的自己中心性の確認のうえでのことでしかない(＊54)。

さて、このようにして関係の場、関係の時を捉え直してみたとき、そこには従来の発達心理学とはまったく異なる展望が開けてくるはずである。しかし、現在のところ私には、その展望をさらに具体化するゆとりがない。ただ、この展望を対置することで、現代の発達心理学がきわめて一面的部分的な人間理解でしかないことを示したことで、ひとまずよしとしておきたい。

2　状況世界に巻き込まれて

個体—関係のレベルと状況のレベルとのねじれ

人が周囲の物や人に囲まれ、そこで関係の場を生き、関係の時を生きる。個体が生きることの関係力動のレベルの議論で、もはや心理学の射程は尽きているように思われるかもしれない。つまり、このレベルを越えたいわゆる社会や状況の問題は、本来、経済学、法学、社会学等の社会諸科学の対象であって、心理学の及ぶところではないとされがちである。しかしそのように明確に領域分割ができるほど、人間と社会とは画然と分離していない。社会状況もまた人間現象の大きな部分である以上、私たちが具体的かつ全体的な人間の理解を目指すとき、これを除外することはできない。

＊54　定型発達を生きて、これという障害を持たない人々は簡単に「障害を越える」という発想を抱いてしまうが、その当事者たちはどうしようもなくその身体を抱えて生きている以上、つねに「障害を生きる」ほかないし、おのずとそこに自分たちなりの「生きるかたち」を描く。そうして個々に自分の身体を生きるかたちを、その後、私は一つの文化と見ていいのではないかと考えるようになる。このことについては『ありのままを生きる』（岩波書店、一九九七年）で書いている（この本は『障害と子どもたちの生きるかたち』（岩波現代文庫、二〇〇九年）として再刊）。

社会や状況を、私たちはふだん、自分の外にあるものと考えやすい。じっさい、私たちは身の回りの人や物を動かすように社会や状況を動かすことはできない。しかし、個々人の営みとはまったく別のところで社会が成り立っているのでないことも確かで、そうだとすれば個人とその周囲の人や物との生身の関係が、社会や状況とどうかかわり合っているのかを考えないわけにはいかない。

ひとつには、個人と個人とが直接的に結び合う関係の延長上に社会をもってくる考え方がある。しかし、すでに述べたように、個人―関係のレベルと状況のレベルとは直結するものではなく、むしろそのあいだにはねじれがあって、安易に前者から後者を類推することはできない。では、このねじれの関係をどう把握すればよいのであろうか。

これについては、たとえばアダム・スミス流の予定調和説がある。つまり、個々人が利益追求のために行う営みが、いわゆる「見えざる手」に導かれて、結果的には全体として調和した社会をつくり出していくという考えである（注５）。これは、社会状況が、個々人の個人的な意図を離れて、独立の法則をもって動くと考えた点で、思想史的に見ても画期的なものであったし、じっさい、また、これがいわゆる経済学的思考の基盤をなすにいたったことを忘れることはできない。ただ、スミスの生きた資本主義勃興期には、そのように個々人の利己的営みが社会の調和につながるという楽観論を素直に信じられたのかもしれないが、この資本主義がいろいろ矛盾を見せはじめたマルクスらの時代にもなると、もはや「見えざる手」を素朴に信奉するわけにはいかなくなる。そこに登場するのが、「疎外」の概念である。

注５　アダム・スミス（水田洋監訳）『国富論』一～四（岩波文庫、二〇〇〇―二〇〇一年）

つまり、個々人の営みは、「見えざる手」によって調和へと導かれるのではなく、かえって個々人を支配し拘束する力を生み出すことになる。たとえば、個々の労働者の労働は、それぞれの生活の糧たる賃金を与えてくれるものでありながら、他方でその労働のつくり出す商品自体が市場経済のなかで自己運動をはじめ、労働者をも労働力商品として支配し、搾取することになる。疎外とは、このように、もともと自分の働きから出ておりながら、その働きがもたらした外的結果が、まわりまわって自分に敵対する力となることを言う。

さて、このように疎外を定義したとき、疎外の現象は、このマルクスの経済的疎外にとどまらない。むしろ疎外は、人間がもつ可塑性と集団性に基づく、きわめて根深い人間現象ではないかと思われる。(＊55)

発達の背後で広がる「疎外の根」

人間は可塑的であると言われる。じっさい、他の動物たちのように、本能的行動パタンに拘束されることが少なく、逆に言うと行動の自由度が大きい。この自由度の拡大を可能にしたのは、もちろん人間における大脳の異常な発達であった。そして、この大脳の発達は、人間に行動の自由度の拡大をもたらしただけでなく、さらに現前にない表象の世界の肥大をもたらした。

たとえばアメーバのような原始的動物においては、周囲から与えられた刺激に対して、非常に限られた行動のレパートリーしかもたない。しかも現前の刺激に対してしか反応しえず、過去の出来事から類推したり、未来の出来事を予測したりはもちろんできない。つまり、刺激に対する反応の自由度が小さいだけでなく、「いま、ここ」に与えられた刺激しかその世

＊55　もともと自分の生身の身体で行った営みでありながら、その結果が自分自身に敵対する何ものかになって自分に迫る。そういう感覚は、考えてみれば、二〇歳前後のころ、私自身が深刻に抱えていた感覚で、おそらくそれは私たちが生きる時代精神の一つと言っていいかもしれない。この感覚に「疎外」という言葉が当てられていることを知ったのは、私の場合、マルクスの著作によってであったが、その後ヘーゲルの議論なども読んだ。それらの議論をいまだよく理解できたとは言えないのだが、ただ、そのうえでこの「疎外」の感覚を心理学の対象として見据える必要があるということは、いまも私のなかの確信としてある。発達心理学が状況世界のレベルをも射程に入れておかなければならないとか、あるいは「疎外の個体発生」もまた発達心理学の大事なテーマであるはずだとか、そういう思いは、そもそもそこから発している。

界のなかに入ってこない。しかし、アメーバのような単細胞動物から多細胞動物になり、細胞間の機能分化が進行するにつれて、神経細胞が誕生し、それが複雑・多様化すると神経系としてまとまり、さらに中枢神経系へと組織化されていく。このような神経系の進化に伴って、生体は与えられた刺激に対してもいろいろな反応をとりうるようになり、行動の自由度は増す。そして、行動の自由度が増していくと、主体は「いま、ここ」に与えられた現前の刺激に反応するだけでなく、過去のこと、未来のこと、目に見えない彼方のことをも一定程度、自分の世界に取り入れるようになる。現前の時空に限られていた世界が、非現前の、つまり表象された世界へと開かれていくのである。(＊56)

種によっていろいろバラエティはあるものの、哺乳動物から霊長類へ、そして人間への進化の流れは、大局的にみれば、このように行動の自由度の拡大と、直接的現前の世界から間接的表象の世界への展開として特徴づけることができる。その移行がどの段階でどう行われるかは、表象というものをどう定義するかで種々意見が分かれるところだが、この展開自体には誰しも異論はなかろうと思う。

人によっては、表象的世界の広がりを、人間にのみみられる特徴だと考える者もあるが、私自身は、他の動物たちにも一定の表象機能はあって、人間を他の動物と隔てるのは、この表象機能のなかから具体物を離れた抽象的な観念の機能が醸成されてくるところにあるのではないかと考えている。

表象的世界は、たしかに現前の「いま、ここ」を超えてはいるが、具体物のレベルを超えてはいない。つまり、ここのいまにはないものを表象するというとき、それはただそのものが現前にないというにすぎず、そのものは具体的な形をもつ実物としてどこかに存在するか

＊56　人間が「いま、ここ」に縛られることなく、その行動の自由度を広げてきたというのは、一見素晴らしいことのように見えるのだが、自由度が広がるということは、それだけ豊かな世界が広がるということでありながら、しかし、裏返して言えば、それだけ安定度が低くなるということでもある。ここで思い出すのが、ユクスキュルの語ったマダニの話である（『生物から見た世界』岩波文庫、二〇〇五年）。マダニの雌は交尾して受精すれば、哺乳類の血を吸うべく灌木の突端で哺乳類が下を通るのを待つのだという。そうして哺乳類の発する酪酸の匂いがしてくれば脚を放して落ち、哺乳類の毛のなかに潜り込み血を吸い、その血で受精卵が育つ。そうした確実な仕組みを具えている。もちろん、脚を放してうまく哺乳類の毛のなかに落ちなければ、最初からもう一度やり直しで、また灌木の枝を登る。そこで意地悪な人間が、マダニはどれくらい待てるのだろうかと実験室でこれを試したところ、なんと一八年待ち通して、なお待っていたという。自由度が高く豊かな世界を生きている人間には、そんな芸当はできない。人

らである。ところが、人間はこの実在物の表象というレベルを超えて、実際に存在しないものをも考えることができる。たとえば、幽霊だとか妖怪だとか怪獣だとか、あるいは、神だとか仏だとか、実在を超えたものを人間は思い描いてきた。いや、これらの非実在物も、なお一定の具体的なイメージをもって絵や像に描けるという意味で、やはり具体物のレベルを超えていない。

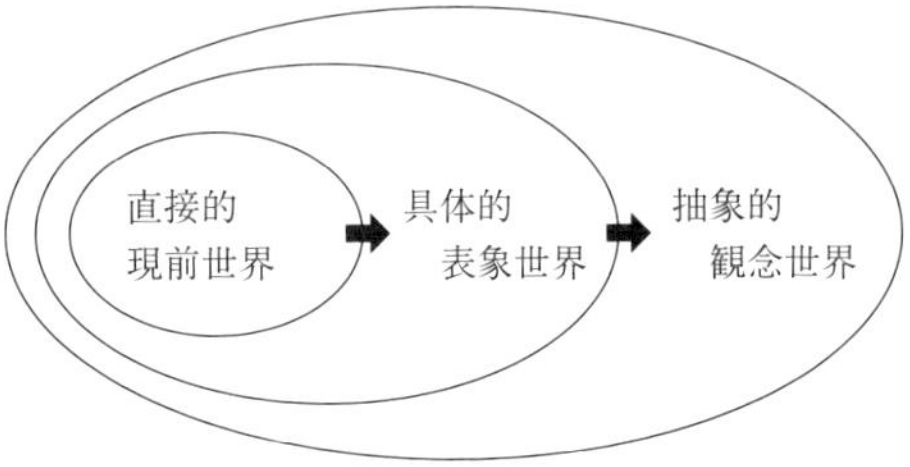

図6　人間的世界の展開

　これに対して、人間は、さらに、具体物のレベルを超えた抽象的な観念をも自分の世界のなかにとり込んできた。科学や哲学などのいわゆる学問の世界にかぎらず、人間はその日々の生活においても、非具体的な抽象観念をつくり出し、それを操って生きている。そもそも人間の言葉は、具体的個物を指示するものではなく、むしろ一般的な概念を指示するものであって、その意味でそれはすでに具体物のレベルを超えている。たとえば、「イヌ」はここあそこにいる具体的な犬を意味するだけでなく、動物のなかの一種をなす犬一般を指すものであり、考えてみれば「犬一般」などというものは具体物としてはどこにもない。そうして見れば、人間は言葉をもつその一事からして、具体的表象のうえに抽象的な観念の世界を積み上げ、そのなかで生活を営んでいると言わねばならない。

　さて、このように見てきたとき、私たちは、今日の人間にまでいたる進化史の流れのなかに、ここのいまに限られた直接的現前世界から、ここのいまを超えてはいるがまだ具体物し

間ならば数年どころか、数日、いや数時間待っただけで死ぬほどの不安に押しつぶされるはずだ。ユクスキュルはこう言う。「環世界のこの貧弱さはまさに行動の確実さの前提であり、確実さは豊かさよりも重要なのである」。

か入り込んでいない具体的表象世界、そしてさらに具体物のレベルを超えた抽象的観念世界へ、という展開を見ることができる。そのなかで行動の可塑性＝自由度は次第に増大し、時空世界の広がりが大きくなってきた。同じことが、人間の個体発生のなかでも認められる。つまり、ここのいま現前に与えられる刺激に対して直接的に行動していく乳児の時代から、ここのいまにないものをも表象して時空を広げる幼児の時代を経て、児童・青年の時代の発達的な展開のなかで、一般的な概念を用いて思考し、やがて抽象的な観念をも操れるようになる。こうした人間的世界の展開を比喩的に図示化したのが図6である。

このように人間が三つのレベルを経て発達するというのは発達心理学のなかでは別に変わった考えではなく、むしろごく一般的なものだと言ってよい。これまで何度か言及したピアジェの発達理論も、その理論づけの仕方はともかくとして、子どもの認識がこのような段階を経て展開してくるというその記述のレベルでは、この線に沿ったものとして十分に了解可能である（＊57）（注6）。

私がここで問題にしたいことは、一般にこのような流れをたどる人間の発達が、そのままで同時に疎外の条件になっているのだということである。多くのばあい、「発達」とか「進化」と言えば、ただちにそれは、能力が高まって行動の可能性が増すことであり、あるいは、思考の及ぶ範囲が広がることであり、さらには人間としての幸福の条件がととのうことだと考えられやすい。たしかに、それはその通りだと言える側面がある。しかし、これにもやはり「ある一面からみると」というただし書きをつけなければならない。

注6　浜田寿美男『ピアジェとワロン』（ミネルヴァ書房、一九九四年）

＊57　ピアジェの発達段階論は、人間が長い歴史を経て到達した物理数学的認識を個体発生上に位置づけて、その発達過程をなぞり説明することを目指したもので、だからこそピアジェはこれを発達理論と呼ぶより、むしろ発生的認識論と呼ぶ。人類が到達した物理数学的認識を子どもからおとなへの発達プロセスとして説明するというこのピアジェの発想に対して、私はむしろ逆に、人が最後の「抽象的な観念世界」に至ってもなお、つねに「直接的な現前世界」を離れては生きていけないこと、そこにつねに根を下ろしたところで生きていること、それゆえに「抽象的な観念世界」に引きずられてしまえば、この身体で生きている「直接的な現前世界」を裏切り、その根を断たれてしまうことがあること、そのことに関心がある。つまり、人がそれぞれの環世界に根を下ろして生きていることを考えたとき、そこから根を断たれてしまうことは恐ろしいことである。その「根こぎ」が人間にとっては重大な問題となる。このあたりのことを私は『発達』八号で「具体的思考から抽象的思考へ」として論じている。

直接的な現前の世界では、一瞬一瞬の生命をそのままに生きるしかない。昨日の飢えの経験によって明日に備えることも知らないし、他所での成功をここでの富につなげることもできない。これに対して、表象の能力を得て、これを言葉で語り、これによって過去の経験を蓄積し、他所での経験をとり入れて、いまに生かし、明日に向けて備え、それを子孫に伝えてきた。そうして表象され観念された世界を整合的に理論化し、体系化したその成果が、今日の科学技術文明の世界を生み出してきたのである。しかし、私たちは、この人類の成功史の背後で人間の疎外の歴史が進行してきたことに、いまようやく気づきはじめている。そして、それと同じことが個体発生の過程にも進行している。つまり、子どもからおとなへの発達の背後で、同時に、疎外が根を張っていくのである。

観念の疎外、法・制度の疎外、協働の疎外

子どもはここのいまの直接的な世界から生をはじめるが、やがてその世界を脱け出して、昨日のこと、明日のことをも考えられるようになる。そのことによって子どもの世界は、より連続的で、一貫した、計画的なものになっていく。しかし、このように自分の生活の時間的見通しができるようになることによって、他方で、明日への期待と同時に、明日への不安がかもし出されることにもなる。この不安は子どもの安定を損ない、ときに生活そのものを脅かす。(＊58)

そして、子どもがさらに大きくなって、人間の一生というものを全体として見通しうるようになったとき、やがて人は死の観念におそわれ、人生の意味云々という問いにとりつかれる。「死」は、誰にも具体的に経験できないものである。たとえ他者の死を経験したとしても、

＊58　人は与えられた場のなかで、それぞれの時に根ざして生きる。心理学が科学たろうとしてこの当たり前のことを見失ってしまったとき、そこには「渦中の視点」を失念した「神の心理学」が展開される。じっさい、人の「不安」も、あるいは人の「希望」も、まさに人間が時間的存在であるゆえに避けがたい心性であるにもかかわらず、「神の視点」に立つアカデミズムの心理学のなかでは、「希望」が語られることはないし、「不安」も精神病理の一徴候としてしか語られない。

それを自分の死として経験することはありえない。ところが、人間は具体性を超えて死を言わば観念として獲得する。人間にのみ自殺が可能であるのは、人間のみが死を観念しうるからである。

ここで自殺に至る具体的な動機とか経緯とかは、とりあえず問題にしない。考えたいのは、自殺という人間の行動が、その構造において、死の観念を不可欠の条件としているという点である。つまり人間に死の観念がなければ、自殺は試みられさえしないはずである。

死の観念は、他の諸観念と同様、人間の営みのなかから生まれたものであった。ところが、観念はかならず言葉の裏づけを得て、共同的なものとして外化され、外化した観念＝言葉は、もはや己れの手を離れて、独立の法則の下に動きはじめる。そうして死の観念が、生命体としての自己の支配を逃れると、逆にその自己の営み自体を絶ってしまうことにすらなる。それが自殺である。こうしてみると、自殺の前提条件となる死の観念は、前記した疎外の定義にピッタリあてはまることが分かる。

ここで死の観念を例にあげたのは、ただ、それが疎外を説明するうえで分かりやすいからに過ぎない。じつは、具体的な表象のうえに構築される観念はみな、直接性を離れ、具体性を超えて、自由になったぶん、生き物としての私たちの存在とは別個の自律的法則性を獲得する。しかも、観念は、すぐ前で触れたように、つねに言語に裏打ちされるがゆえに、いかに個人的な観念にみえても、それはかならず何らかの共同性を帯びる。観念はこうして個体の身体性を離れ、それとは別個のところで動き、個体に敵対し、個体を拘束する。宗教的イデオロギーはその典型だと言ってよかろう。宗教的観念は人より出て、人を縛る。神は人間の疎外の所産だとしたフォイエルバッハのテーゼは、いまなお新鮮である（注７）。

観念の疎外に密接に関連したものとして、また法・制度の疎外をあげねばならない。人と人とをとりむすぶ関係は、動物においてのように生身のままにとどまらない。たとえば、男女の関係が夫婦の関係として結婚制度のなかに枠づけられるとき、その制度はもともと個々の男女の性関係に基づくものでありながら、法社会においては、これが男女の性関係を拘束する。これはほんの一例にすぎない。法制度はすべて、もともとは人と人との種々の共同的関係に発するものでありながら、その所産はときに共同性に敵対し、これを拘束するのである。

法制度の疎外は、歴史的に見たとき、さらに労働の疎外と切り離して考えることはできない。労働がまだ小家族の内部で、あるいは小集落のなかで閉じていたところでは、労働の所産がその共同体の生活を離れて独立に運動する余地はない。しかし、小集落どうしのあいだで協業と部分的交換の行われる状態から、分業体制が進行し、資本主義化が広まっていくなかで、市場が拡大し、貨幣による商品経済が浸透していくと、もともと個々の労働者の労働に発していた生産物が、それぞれその個人の手を離れて、一定の経済法則に従うようになる。さらには労働者自身も賃金労働者として一つの労働力商品となり、労働者は自分たちのつくり出した当の商品世界によって支配され、自らの生活をおびやかされることにもなる。

これら観念の疎外、法制度の疎外、労働の疎外など、いずれも、これまで哲学や社会諸科学のなかで論じられてきたことである。しかし、心理学はこれらの問題を自らの研究の対象からはずしてきた。というより、心理学者たちの問題意識のなかには、はじめからこの種の問題が入り込む余地はなかったのかもしれない。心理学者たちの描く人間は、歴史的具体性を欠いた、きわめて抽象的な人間でしかないからである。しかし、言うまでもなく、人間はみなある特定の文化と歴史をもつ現実の社会のなかで生きている。人間を全体として捉えるというとき、私たちは、人間を囲むこの現実の状況をぬきにしては考えられないはずである。しかも、この状況の問題、そして疎外の問題は、いま述べてきたように、人間の心性のあり方にひとつの根をもっている。とすれば、私たちは、疎外の歴史的発生の問題に加え、疎外の個体発生をも射程に入れて、論を進めなければならないのではないか(*59)。

　人間を抽象的に一定の能力の束として捉えるのではなく、まさに具体的で全体的な存在として捉えようというのであれば、私たちは、子どもからおとなへの展開の過程を、ひたすら楽天的に「発達」と言ってすませることはできない。むしろその発達に並行して、子どもが疎外に巻き込まれ、また自ら疎外を生み出して、自縄自縛の罠に陥っていく様をも見なければなるまいと思う。

　ここに書いてきた状況世界の問題領域は、まだまったく手つかずの状態である。私自身も疎外の個体発生を捉える必要性を指摘する以上のことは、いまのところ、何もできない。それゆえ、疎外の歴史的発生とこの個体発生がどう絡み合うのか、また右に述べた三種の疎外がおたがいにどう関係しあうのか、いや、そもそも人間の可塑性と集団性という条件が疎外の根となるという発想自体がどこまで正確であるのか、そういった個々の問題については、いま論じる余裕も力もない。しかし、少なくともこの領域の問題を射程におさめないかぎり、発達心理学は、結局、抽象的で空疎な人間理解にとどまるということだけは確かであろうと思っている。

注7　フォイエルバッハ（船山信一訳）『キリスト教の本質』（岩波文庫、一九六五年）

＊59　マルクスらが論じた疎外の歴史的発生に対して、その個体発生を考える議論があってしかるべきではないかという発想を、私はこのように一九八〇年代にはっきり意識していた。しかし、その後の四〇年、この着想にとどまったまま、ほとんど手をつけずに今日に至る。もちろん、豊かな発達の先に豊かな生活世界が広がるかのような能天気な発想に対しては、一貫して距離を取ってきたし、その後、「私」というものの成り立ちを論じ、あるいは学校教育の歪みを論じ、さらに刑事裁判における事実認定の誤りを論じるなかで、「疎外の個体発生」論につながるような何かを意識してはいたのだが、もちろん、それはいまだなお議論の端緒でしかない。

生きる場からの問いに向けて

発達心理学は、ここ数十年のあいだに、専門的な学問としての、あるいは科学としての体裁をととのえて、学問あるいは科学の制度に乗っかってきた。そうして一定の社会組織のなかに喰い込み、その地位をそれなりに確立してきた。しかし、それにつれて発達心理学は、学問・科学の環のなかに閉じて、一定のパラダイムの枠のなかでの謎解きと、その成果の部分的応用に終始するようなことになっていないだろうか。少なくとも、そうした側面のあることは否定できないように私には思われる。じっさい、現代の発達心理学が、人間の能力やその発達メカニズムの解明以上に、具体的全体的な人間の理解にどこまでつながっているかと考えてみて、首をかしげない人がいるとすれば、その人はそれだけこの学問の環のなかにのめり込んでいるのではないかとさえ思う。

そもそも知は、まず問いからはじまるはずである。ところが、知が制度に組み込まれたとき、事態は逆転して、制度としての知の内部から問いが発せられ、その答えも知のなかに閉じて、私たちの生きる場に還帰することがない。問いは、この生きる場においてどれだけ切実であるかによってではなく、既成の知の枠組みのなかでいかに有効な答えを導き出せるかによって選ばれる。皮肉に言えば、知的パズルとして問いが立てられて、答えもまたそのなかで閉じられている。そうなってしまえば、人間を知りたい、理解したいという素朴な望みから心理学の世界にとびこんだ学生も、その素朴な望みを抱きつづけるかぎりは、そこに幻滅を感じないわけにはいかない。ところが、その学生たちがいったん専門研究者として、これでもってメシを食うようになると、もはや当初のこの素朴な望みは忘れたかのように、自分の生活の場のなかから生まれた真摯な問いをも、専門研究の外の問題として押し出してしまう。

そうだとすれば、大学や学会のなかで制度化した発達心理学に人間理解の手がかりを期待するのは、むしろお門違いなのかもしれない。私自身に研究生活というものがあったとすれば、私はそのなかで、ひたすらそうした悲観論を身につけてきた。しかし、だからこそ、ほんとうの意味で、生きる場からの問いを大事にしたいと思う。たとえ、それが制度化した学問の枠組からは荒唐無稽のものに見えたとしても、そのなかでこそ、私たちの知の営みが、生きる場の変革につながるのではないかと思うからである(＊60)。

知ることは変わることである。だとすれば、知ることがそれだけ切実なものでなくてはなるまい。ここで長々と書き連ねてきたことが、そうした知にどこでつながっていくのか、いまは自分でも分からない。しかし、ともかく、現代発達心理学批判のうえに描いたこの未熟な構想の内実化が、私にとってはとりあえずの課題である。

＊60　わが国に発達心理学会が設立されたのは一九八九年のことで、上の文章はそれよりも六年前である。そしてこの学会設立二〇周年に、学会誌編集部から依頼があって、一文を掲載している。それが本書第５章である。それを読めば、ここに書いた悲観的な気分がいまもなおつづいていることに気づく。

間奏：四〇年前に語ろうとしたこと

「疎外の個体発生」という思いつき

四〇年前に自分が書いた文章をあらためて読み返して、正直、自分の力量をはるかに超えて、思いだけが走っている印象を否めない。簡単に言えば未熟である。たしかに、自分たちを囲むこの現実は、自分たちの手持ちの力で対応できる域を超えて、圧倒的に大きい。そのことを、もちろん、私は知らなかったわけでない。ただ、私は、自分の手持ちの力量を見定めて、分相応の物言いにとどめておくというほど謙虚ではなかった。それだけのことかもしれない。

そう思い直したうえで、たとえ分不相応であれ、そのときの自分の率直な思いを、こうして未熟なりにでも語ったことは、それはそれでよかったのではないかと、いまは思う。問題はその後、私がこの思いにどこまで具体的なかたちを与えることができたかである。

幼な子は、そのときそのときの「ここのいま」を、そのありのままに生きる。そこから、やがて生身で周囲の人や物とかかわる関係世界が広がり、さらに生身の関係を超えて、現実の社会状況にさらされていく。その過程には、たしかにそれに見合うだけの個体能力の育ちがある。しかし、一方で、その個体能力の伸びによって、子どもたちは周囲との関係世界と交わり、自分に与えられた社会状況に引き寄せられて、下手をすれば、そこに吸い込まれていく。なかには、もちろん、そこに批判的な目を向け、強く抵抗する者もいるが、それでもたいていは、やがて与えられた状況に馴染み、はまり込んでいく。「大学解体」などと叫びながら、結局、その大学でメシを食うようになった私たちの世代は、その典型かもしれない。

いま私たちに与えられているこの社会状況は、たしかにこれまで人間の営みが連綿と積み上げてきたその所産であるといってよい。しかし、それはただ加算的に積み上げられただけのものではなく、その所産が個々の生身の人間関係を超えて、歴史的にある社会制度を生み出し、それが人間の直接的な営みを超えた疎外態として独自の歩みをたどってきたし、逆にこれが個々の生身の人間を支配してもきた。誰もが、言ってみればその「疎外の歴史的発生」の流れのなかに新たな生命体として生み出され、そこに巻き込まれ、馴染んでいく。それが現実の発達過程である。そうして見れば、子どもたちの育ちは、それまで歴史的に形成されてきた疎外態にはまり込んでいく過程でもあって、それを「疎外の個体発生」と呼ぶことができる。そうした視点から子どもの「発達」を位置づけ、論じる。私が「人間理解と発達心理学」というタイトルで先の文章を書いたその背後には、このようなまことに大仰な問題意識があった。

ただ、この問題意識はせいぜい思いつきのレベルで、けっして厳密なものではない。「発達」をバラ色で語りたがる人たちに対する違和感を、この「疎外の個体発生」という言葉に乗せて語ってみただけかもしれない。それでも、これによって子どもたちの育ちの現実を多少でもより正確になぞることができるのなら、それはそれで意味がある。人間の発達の延長上にひたすら人間の進歩と幸福を描く能天気な楽観主義によって、現実の人間理解に近づけるとは思えないからである。

甲山事件の子どもたちの目撃供述の問題に出会って

この第I部の文章を書いたのは一九八三年のことである。そのころ私は甲山事件の第一審裁判で「心理学の専門家」として特別弁護人を務めていた。まだ三〇代後半のことである。この甲山裁判にかかわったことが、その後、私にとって大きな意味をもつことになる。

甲山事件というのは、一九七四年に兵庫県西宮市にあった知的障害児入所施設甲山学園で二人の園児が連続して行方不明になり、その後、学園内の浄化槽から二人が溺死体で見つかった事件である。警察の捜査の結果、それは単なる事故ではなく、殺人事件だとされて、事件から三週間後に、当時二二歳の保母が容疑者として逮捕され、いったんは自白までしてしまうが、その後、思い直して否認。一年半余りして、証拠不十分として不起訴になったものの、その後に被害児の両親の訴えで検察審査会が開かれ、その議を経て三年後に検察が再捜査に乗り出して、一九七八年に同保母を再逮捕、起訴した。この裁判で検察側の最大の証拠となったのが、行方不明となった二人目の被害児を被告保母が連れて行くのを見たという、事件から二週間後の女児の目撃供述と、三年後の再捜査のなかで被害児を被告保母が非常口から引きずり出すことを見たという もう一人の男児の目撃供述だった。

この事件は当初から冤罪の疑いが濃厚だとして大きな弁護団が組まれたのだが、弁護士は法の専門家ではあっても、子どもの目撃供述が問題だとなれば、法の知識だけでは対応できない。まして、問題の子どもたちに知的障害があるとなれば、その領域の専門家の協力が必要である。そこで知り合いの弁護士を通して私に依頼があり、結果として、私がこの裁判の第一審で特別弁護人として関与することになった。しかし、私がそこで思い知らされたのは、ただ単に自分が学んできた発達心理学の知識をここに当てはめればすむ、というような単純なことではないという現実だった。

法廷で証言台に立った子どもたちは、その能力だけ取り出してみれば、自分が体験した出来事を記憶に刻んで、そののち周囲からそのことを聞かれたとき、それなりに自分の体験の記憶を言葉にして語ることができる。現に検察側から求められて子どもたちの精神鑑定を行った発達心理学者や児童精神科医たちは、心理検査や実験室での実験によってこのことを裏づけた。つまり、子どもたちに何らかの出来事を体験させ、しばらくしてそれについて語るよう求めれば、子どもたちは当の体験をそれなりに正しく答えることができる。子どもたちはそれだけの能力をもっているというわけである。検察側はこの専門家たちの鑑定に依拠して、子どもたちの目撃証言は正しいと主張した。しかし、単に問題は能力があるかどうかだけではない。

じっさい、子どもたちがこの事件に巻き込まれ、警察官たちからの事情聴取を受け、そこで現実に味わった体験は、心理検査や実験室の場で与えられる体験と、明らかにその質もレベルも異なる。そのことの意味を見定めることができなければ、最終的にたどりついた園児証言が正しいとは言えない。

自分たちのいた施設で、一緒に暮らしていた友だちが二人連続して行方不明になり、そののち溺死体で見つかって大騒ぎになり、これを殺人事件と見た警察官たちが施設にやってくるようになって、この事件の前に何があったかを捜査官から繰り返し聞かれ、それが記録に残されていく。そのなかで一人の女児が警察官からの三回目の事情聴取で、先生が被害児を連れて行く後ろ姿を見たという供述を引き出され、結果として当の先生が逮捕されることになったが、やがて先生は証拠不十分で学園に帰ってきた。そうしてその後、この施設は二園児溺死の責任を追及されて廃園となり、子どもたちはそれぞれ別々の施設に措置変更となって、みんなが別施設に移っていった先で、事件から三年後、子どもたちへの再度の事情聴取がはじまった。そのなかである男児は先生が被害児を連れて行き、非常口から引きずり出すのを見たと言い出す。しかし、その男児は事件直後に繰り返し警察官の事情聴取を受けていたにもかかわらず、そこでは何も見たとは言っていなかった。しかも、最初の女児の目撃供述は「先生が連れて行く後ろ姿を見た」という日常的な場面にすぎなかったのだが、三年後のこの男児の目撃供述は被害児を「先生が引きずり出すところを見た」というのであるから、それはまさに犯行の一コマであることを強く示唆するものだった。ここで問題は、この男児は事件から三年ものあいだ何も目撃を語ってはいなかったのに、どうして三年後の再度の事情聴取でこれを語るようになったのかである。この複雑な背景状況を見たとき、この問題を子どもの供述能力に還元してすむとはおよそ考えられない。

「力を身につける」こととその「力を使って生きる」こと

この男児が法廷で目撃証言を行ったのは、目撃供述を語りはじめてから三年後、事件から数えれば六年もの年月が経過した一九八〇年のことである。事件当時一二歳だった男児は、このときすでに一八歳の年齢になっていた。そして、この法廷の場で彼の目撃証言の問題性が露呈してしまう。

たしかに男児は自分が体験したことを話題にして、その記憶をそれなりに正確に語るだけの力はもっていた。たとえば、弁護人が男児に対する反対尋問で、法廷に立つ前の二、三日、主尋問を担当した検察官と打ち合わせした状況などを聞いたところ、おおよそ正確に答えることができた。しかし、法廷で証言するうえで必要なのは体験したことを語る能力だけではない。法廷で目撃証人として問題の場面の出来事を語るためには、少なくともそのときのことを「思い出して答える」のでなければならない。それは当たり前のことである。ところが、証言台に立った男児は、六年前の出来事を聞かれて、とにかくそれをできるだけ詳しく具体的に答えることが必要だと思っていたのか、質問者から聞かれるつど、どんなことでもどんどんと答えてしまって、六年前の出来事としておよそ記憶することなどできない細かなことまで具体的に語ってしまう。

たとえば、事件そのものとは無関係なその日の夕食のメニューを聞いても、これに即答する。しかも、それが残された記録とはまったく違う。夕食後にテレビを見ていた場面について、そこに誰と誰がいて、誰がどんなふうにスイッチを切り替えたかを聞けば、これまたその場にいた人の些細な動きを、まるで昨日のことのように詳細に答える。六年前のことを聞いているのに、である。そうした奇妙な供述が延々と繰り返される。そこで明らかになったのは、男児が自分の記憶を手繰り寄せて答えているのではないという事実だった。弁護側は男児のその供述姿勢の奇妙さに気づいて、ふつうなら答えられるはずがない詳細をあえて聞く。そうすると、男児は案の定、弁護士から聞かれるつど、その場で思いついたことをどんどん具体的に答えてしまう。「思い出して答える」のではなく、聞かれたそのときに「思いついたことを答える」のである。男児の言葉には事件にふさわしい重みがない。

この男児の法廷証言場面に立ち会って私が思ったのは、「この子にとって、その言葉の力はいったい何なのか」ということだった。人は言葉の力を身につければ、その力でもってたがいの過去の体験を語り、いまの思いを語り、明日への不安や希望を語り合って、そこに共同世界を生み出していく。つまり、言葉の力を身につけるということは、その力を使って共同の世界を生きていくということにほかならない。ところが、彼の言葉はひらひらと軽く、生活から浮いていて、たがいの共同性を担うだけの重さがない。そう思わざるをえなかったのである。

男児の生活史を記録で追ってみれば、男児は三歳のとき、まだ片言しか喋れない段階で施設に入所し、言葉の力を伸ばしたのは施設のなかだった。そうして九年後、一二歳のときに甲山学園でこの事件に出会い、そのときはまだ何らの目撃供述も語らず、学園閉園後の措置変更で別施設に移管されて、一五歳のとき、ふたたびやってきた警察官に重大な目撃供述を語りはじめ、さらに施設暮らしをつづけて一八歳になって法廷で証言した。男児はこの長い施設生活のなかで、たしかに言葉の力を身につけ、これを伸ばしてはきた。そして、身につけ伸ばしたその力を使って、周囲の人と気楽なお喋りを楽しんできたであろうことはまちがいない。しかし、それ以外の場面で、言葉によっておたがいの共同性を確保し、共同の体験を積み重ね、それによって周囲の人たちと安定した関係世界を豊かに生きてきたのかどうか。そこに根本的な問題があったのではないか。

発達において問題になるのは単なる力の伸びではない。その力の伸びによって子どもがどのような生活世界を築き、そこで周囲の人たちとどのような関係世界を描いて生きてきたかである。私は甲山裁判を通して、この当たり前の問題をあらためて突きつけられることとなった。

「力を身につける」ことと、その「力を使って生きる」ことは、ほんらい、そのまま重なってしかるべきものである。ところが、ときにそのあいだに裂け目が生じて、大きな歪みをもたらしてしまう。甲山裁判の男児の話はまさにその典型例だった。しかし、これを施設で暮らした知的障害児ゆえの例外的な事例と見なしてよいかどうか。むしろ、いま私たちのごく身近なところでも、この同じ裂け目が広がりつつあるのではないか。

思えば、人々が子どもの発達をいまほど強く意識する時代はかつてなかった。その結果、人々は子どもたちが「力を身につける」ところにひたすら目を向けている。しかし、そうして身につけたはずの力は、どこでどう使われているのか。それは子どもたちの生きる生活世界に有機的につながっているのか。また、そうしたつながりを意識するだけのかかわりを、私たちおとなは保ちえているのか。そのことに重大な懸念を感じざるをえない。

問題の根は深い

この問題にひとたび気づけば、もはやそれを無視することはできない。第1章の冒頭で語ったように、知ることは変わることである。

私は甲山裁判のなかで、ある意味では当たり前すぎることをあらためて「知った」。そして、それによって私は「変わること」ができたのかもしれない。少なくともそう言っていいだけの体験を、私はそこで味わってきた。しかし、そこから出発して、子どもたちの育ちや学び、発達の問題に対して、子どもたちの現実に食い込むだけの仕事を、私がその後どこまでやれてきたのか。そのことを問わなければならない。

ちなみに、甲山裁判は地裁から最高裁まで行き来した挙句、事件発生から二五年後の一九九九年にようやく無罪判決が確定した。裁判がこれだけ長期に及んだということは、事件がそれだけ複雑微妙だったからだと思われやすいが、実際はむしろわが国の裁判システムが深い病理に侵されているからだったのではないかと、私は思っている。ともあれ、甲山裁判の終結の翌年に二一世紀という新たなミレニアムを迎えることになった。ただ、数字のうえで大きな区切りを迎えたからといって、時代の流れがそうそう簡単に変わるものではない。じっさい、この事件の発生時点から数えてすでに五〇年がたとうとしているいまも、世の中は大きな変化なく、その延長上をそのまま進んでいるように見える。問題の根は深い。

第Ⅱ部　「発達、発達」と叫ばれるこの時代の発達心理学

学校という現場に広がる「発達」の目

第Ⅱ部は、世紀の変わり目となった二〇〇〇年からそれ以降に、学校をはじめとして、発達にかかわるさまざまな現場に接するなかで書いた文章をもとにしている。

戦後のまだ貧しい時代、学校は多くの子どもたちにとって文字通り「生活の場」だった。しかし、このころになると、多くの学校はもはや「生活の場」であることを放棄し、もっぱら学力向上に向けて「発達の場」になってしまったように思える。もちろん、いまでも学校があればこそ、家庭が極度の貧困に陥っても、そこに行けば給食があり、教師たちの支えもあって、なんとか生活をしていける。学校はなおセーフティネットの一つとして、一部の子どもたちにとって最低限の生活を保障する場である。しかし、それでいて、多くの子どもたちにとって、また多くの保護者にとって、学校は学力をつけて小中高大の教育制度の梯子をより高く上っていくためのものであって、「生活の場」としての意味をどんどん失っている。そこでは、「発達」がもっぱら「力を身につける」ところに集約されて、その「力を使って生きる」という「生活」の視点がすっかり見失われたようにみえる。

発達によって身につけた力は、ほんらい、それを使ってあらたな生活世界を展開していくことにつながるものとしてある。たとえば、先の第Ⅰ部でも指摘してきたように、それまでは親に運ばれてしか移動できなかった赤ちゃんが、やがて歩行の能力が身につけば、その能力を使って自分で好きなところに出かけていくようになり、そうして自ら切り開く歩行世界が広がる。あるいは、言葉の能力が身につけば、それまでは周囲の人々が交わす言葉が声としか聞こえなかったところから、その声に一つ一つ意味がこもり、たがいに思いを交換し合う対話的なコミュニケーションの世界が広がる。このように「力を身につける」ことは、ただちにその「力を使って生きる」ことにつながって、そこで本来の意味をまっとうする。それが育ちの原点である。

ところが、いま学校という制度の下で、この二つが人為的に区切られて、「力を身につける」こと、そしてそれによって学力＝成績を高め、学歴・学校歴を高めることばかりに力が注がれてしまい、新たに身につけた力を日々の暮らしのなかで使い、学びの世界を含めてその生活世界を広げることにつながっていかない。そうなってしまっているとすれば、そこに何が起こるのか。その切れ目にこそ、疎外の根が広がる危険性が潜んでいることを、私たちは正しく怖れなければならない。

私は一九七七年に大学に職を得て、発達心理学をはじめ教育心理学や障害児心理学などを教える立場になって以降、それまで感じていた心理学への違和感をあらためてかみしめることになった。じっさい、教員養成の一端を担うことになったおかげで、この間に教育現場とのかかわりがはじまり、やがて現場の先生方とつきあう場面も増え、とりわけ一九九〇年からは日本教職員組合（日教組）の全国教育研究集会に共同研究者として、「能力と発達　学習と評価」分科会に関与するようになり、そのことが私にとって大きな意味をもつことになった。

振り返ってみれば、この日教組での仕事を、その後二〇年近くつづけることになった。私自身は学校教育の現場を教師として体験することはなかったが、この仕事のなかで、学校現場の渦中を生きる教師たちの声を聞く機会を得て、学校がなお「生活の場」であることの意味をあらためて噛みしめると同時に、「学力向上」のスローガンの下、その場に「評価の目」、「発達の目」が入り込むことで、学校から生活の匂いがどんどんと失せていくその現実を見せつけられることにもなった。いま学校現場をはじめとして、子どもたちの育ちの場には、発達的な見方が席巻していて、保護者も教師も、教育にかかわるほとんどの人たちが「発達、発達」とさかんに言う。このことに対する違和感を私は繰り返し言葉にしてきた。

「ともに生きる世界」への地ならしのために

第Ⅱ部では、この時代を席巻する「発達」という見方に対して、私なりの思いを語った文章をいくつかまとめている。

まず、第4章「学校で学ぶことの意味とその反転」は、一九九〇年代後半に日教組の教育文化総合研究所の仕事として長尾彰夫氏や志水宏吉氏らとチームを組んで「教育と評価」について議論を重ね、その報告書を編集して『教育評価を考える』（ミネルヴァ書房、二〇〇〇年）を刊行したとき、そこに寄せた一文である。ここで論じようとしたのは、「どのように評価するか」という評価の技術論ではなく、「そもそも評価とは何なのか」を問う評価の本質論である。子どもの学びの評価は、小中高大の学校教育制度の階梯をわたるうえで、いまや非常に大きな位置を与えられ、それゆえにそれぞれの学校において制度運営上必須の営みとなっているのだが、じつはそこにさまざまな矛盾がまとわりついている。この学校の厳しい現実に、私の議論がどこまで食い込みえているかと考えれば、はなはだ心もとない。そこで私が重ねてきた批判そのものが空しい行為であるように見えてしまうこともある。そのうえで、なお言うべきことは言わなければならない。そういう思いを込めて、私は「何のために学ぶのか」「何のために評価するのか」という議論を繰り返してきた。

また、第5章の「発達心理学研究は人間理解を放棄したのか」は、発達心理学会から依頼を受けて学会誌『発達心理学研究』に寄稿したもので、ここでの話は第Ⅰ部での「発達心理学と人間理解」の議論にも重なってくる。発達心理学会は一九九〇年に発足し、二〇〇九年には二〇周年を迎えて、その記念号となった二〇巻一号に、どういうわけか非会員の私に執筆依頼があり、文字通り、外野席からヤジ風の声援を送ることになった。思えば、学会設立当初、何人かのメンバーから入会の誘いを受けていたのだが、そのつどお断りしてきた。端的にいって、学会というところになじめないというのが理由なのだが、根元にはその制度化に対する違和感があった。そもそも研究者は「何のために研究するのか」。この青臭い問いから離れることができなかった私が、学会発足から二〇年後になって、この制度化の問題をあらためて取り上げ、率直に文章にしたものがこれである。

そして、第6章「発達障害を考える――「発達」をめぐる誤解と混乱」では二〇一〇年代に発達障害をめぐって書いた二つの文章を一つに編み直している。その一つは『精神療法』（金剛出版、第三九巻三号、二〇一三年）に寄稿した「「発達の誤解!?」」、もう一つは『そだちの科学』（日本評論社、三二号、二〇一九年）が組んだ特集「発達障害の30年」に寄稿した「「発達障害」はどこから来たのか」である。当たり前のことだが、人の育ちには人類として予定された「定型」がある一方で、個々の人々の育ちは多様で、その多様性の幅はけっして小さくない。「定型」的な過程をたどってきた多くの人たちがいる一方で、「非定型」と呼ぶしかない過程をたどる人たちもいて、そこにさまざまな誤解やディスコミュニケーションが生じる。それは、発達の多様性を考えれば、ある意味、自然なことで、そこに生じる社会生活上の差しつかえを「発達障害」

と呼ぶのも分からないことではない。じっさい、そう呼ぶことによって、その人たちを理解する手がかりを得ることができるのならば、それはそれでよいかもしれない。しかし、一方で、そう名指すことで、むしろその人たちを「障害者」として枠づけ、その理解を放棄することにもつながりかねない。そのことを警戒しなければならない。

人間の生活を成り立たせている身体は、言うまでもなく複雑微妙な仕組みを抱えていて、それだけにこわれやすい。身体の何らかの仕組みがうまく整わなかったり、あるいはいったん成り立っていた仕組みが何かのきっかけで故障してしまうことも少なくない。そのことによって人は何らかの「生きづらさ」を抱えることになる。それをカバーする手立てをどう打つか次第で、発達支援がその人の生活世界を豊かに広げることもあれば、他方ではその生活世界を狭め、場合によっては大きくゆがめてしまうこともありうる。そこで問題になるのは、その「生きづらさ」を抱えた人たちが、どこでどのようにして周囲の他者たちとかかわり、それぞれたがいが「ともに生きるかたち」をどう展望するかである。

もちろん、これは容易な問題ではない。それに私はいわゆる臨床家ではないし、個々の人々の問題につき合って、その解決の糸口を模索する立場にはない。しかし、少なくともそのようにして「ともに生きる世界」を展望するための、思考の地ならしくらいは、発達の問題を考えてきた人間として、せめてやっておかなければなるまいと思う。ここにおさめた文章は、その地ならしのための一歩だと思っていただければうれしい。

第4章　学校で学ぶことの意味とその反転

発達と学校制度

学校制度の歴史は、わが国のばあい、一八七二（明治五）年の学制発布にはじまる。それは長い人類史のなかで見れば、まだたかだか一五〇年にすぎないのだが、しかし、一五〇年と言えば、二五年を一世代として、すでに五〜六世代前から、子どもたちは学校というところを体験してきたことになる。いまわが国で生きている人たちのすべてが、不登校という現実をかかえた人も含めて、何らかのかたちで学校生活を体験している。おかげで、ほとんどの人たちが識字の世界に入り、そのことによって国の文化水準がそうとう高くなったことはまちがいない。わが国が、いまアジア諸国のなかで、母語によって高等教育まで受けられる数少ない国の一つである理由の一つは、植民地時代がなかったことに加えて、早くから学校制度が定着したことにあると言ってもよい。

ただ、学校制度をどのようにくぐりぬけたかが、子どもたちのその後の人生を大きく左右するようになったのは、ここ五、六〇年のこと、せいぜいここ二、三世代に過ぎない。もちろん、学制発布以来、学校制度の梯子をより高く上ることで「身を立て、名を上げ」る人たちは昔からいたが、それはほんの一握りにすぎず、ほとんどは学歴など無縁のところで生きてきた。そして、その時代には過半の子どもたちにとって、学校はまさに生活の場であった。

本章は長尾・浜田編『教育評価を考える』（二〇〇〇年）に所載の「生活と教育と評価」をもとに編み直したものである。

その生活の場である学校で読み書きそろばんの力を身につけ、その力は卒業した後の村の生活のなかで使われ、人々がそこで根を下ろして生きていくうえで十分な意味をもった。(*61)

ところが、いまは男女ともに五〇%以上が大学に進学する。しかも、その大学には偏差値でもって輪切りのランク付けがなされて、どの大学、どの学科に進学するかで、子どもの人生が左右されかねないと思われている。だからこそ、子どももその親も学力向上に血道をあげる。学校はもはやかつてのように牧歌的な生活の場ではなく、「勉強の場」になってしまい、子どもたちは将来の安定した生活を求めて、ひたすら成績を上げることを求められる。その点で見るかぎり、私たちはいまじつに貧相な時代を生きているように見える。そして、発達心理学が世間から期待されるのも、この貧相な時代精神によるところが少なくない。(*62)

1　「成績」という名の教育評価——その慣性と違和

慣性の法則

ことを真新しくはじめるときは、誰もがそのことの意味をはっきり意識する。しかし、いったんはじまってしまったあと、それになじんでしまうと、人はそのことの意味をあえて問おうとしない。そこにはまるで慣性（イナーシャ）の法則が働いているかのようである。

子どもたちにとっての学校も、いまやそういうものとしてあるのかもしれない。なぜこんなことをするのかと疑う以前のところで、子どもたちは学校のなかに投げ込まれ、気がつけば何かしら勉強していて、その場にそれなりにおさまっている。いや学校にかぎらず、思えば、人生というものはそもそもそうしたもの。なにしろ誰も自分の出生の出発点を知らない。

*61　学校が、子どもたちにとって、生まれたその場に根を下ろして生きていくためのものとして意識されるのか、それとも生まれたその場を脱け出し、新たな場を求めるためのものとして意識されるのか。そのいずれであるかで「学校」の意味はまったく異なってくる。

*62　誤解のないように言っておかなければならないが、時代精神が貧相だからと言って、その時代を生きている人たちがみな貧相だというわけではない。その時代精神の貧相さをはっきり批判的に押さえたうえで、そこを突き抜けていく人たちは、どの時代にもいる。

気がついたときにはすでに数年の年月を生きて、その場になじんでしまっている。誰もが生きる意味をあらかじめ考えて人生をはじめたのではないし、意味以前のところで身体がしっかりこの世界を生きている。

ただ、どうしたわけであろうか。すっかりなじんでしまったところからはじまった営みも、やがて長い経路のどこかで違和感につきあたることがある。そしてその違和感に自覚的になったとき、慣性の法則は乱れ、その流れの向きをかえはじめる。私たちがいま、学校という現場で出会っている事態は、まさにそうしたものではないかとも思える。

学校というところが、一つの制度空間として子どもたちの生身の生を縛る側面が前面に出てしまってきたためであろうか。いま学校のなかをのぞいてみると、生身の生と既存の制度の狭間で、あちこちに違和の芽が吹き出している。そしてこの生身と制度のせめぎ合いがもっとも端的に現れるところが、「成績」という名の教育評価である。

学びが「成績」という名の評価に閉ざされて

かつては学校制度の梯子を高く上がることが、ごく一部の子どもたちの関心事にすぎなかった。(＊63) そのころ大半の子どもたちが学校には行っていても、そこでつけられる成績はさして大きな意味をもたなかった。なにしろ学校の成績が良いということは、極端に言えば相撲が強いとか、野球がうまいとか、走るのが速いとか、そういったことと大差がなかった。ところがいまはどうだろう。学校での成績が自分の人生を左右しかねないかのように思わされている子どもたちが少なくない。ほとんど一〇〇％の子どもたちが高校に進学し、しかも多くの地域で高校が点数で輪切りにされている現実のなかにあって、どこの高校に入ったか、あ

＊63　ここでも誤解のないように断っておかなければならないが、学校制度の梯子を高く上がることが無意味だと言いたいわけではない。もし、それが単に「身を立て名を上げ」、自らの威信を高めるだけならば、それこそいかにも貧相だが、進路の先で新たな学びを得て、それまでの自らの生活から距離を取り、これを批判的に捉え返し、世の中を見る新たな目をもつきっかけになるのならば、そこには「学ぶ」ことの実質的な意味がある。その学ぶことの実質的な意味を前提したうえで、しかし、現実にはその実質的な意味がないがしろにされて、学びの結果が成績に交換されてはじめて意味をもつかのような状況が生まれてくる。そのことの問題性を、ここでは指摘しているにとどまる。

るいはどこの大学に合格したかが、子どもたちの人格的な優秀さを表すかのごとき雰囲気が広がっている。教育評価の問題がクローズアップされているのは、こうした空気のなかでのことである。

学校に投げ込まれ、最初は勉強空間になじんで、学校的な慣性の流れに身をまかせていた子どもたちも、この空気のなかで、やがて居心地の悪さを感じはじめる。ある子どもは、まわりの期待にもかかわらず多少の努力では突き抜けられない壁にぶつかることで、またある子どもは消費社会のなかでかき立てられた興味や欲望が勉強空間と衝突することで、さらにある子どもは生身の生にふと目が覚めるようにして、「いったい自分は何のために勉強しているのだろう」と考えはじめる。

学校で学んだことが、自分たちのいまの生にしっくり組み込まれていくものならば、子どもたちは誰もその学びに違和を感じることはあるまい。しかし学校での学びは、しばしば生身の生を離れて、ひたすら制度的な意味しか与えることのできないものに成り果てる。つまり学びが成績という名の評価に組み込まれ、そのなかに閉ざされてしまうのである。

ある大学生は学校時代を振り返ってこう言う（注1）。

> 成績というものを気にしはじめたのは、中学生の時だろうか。いや成績というよりむしろ順位だ。私は何番なのか。中学時代の私は、もはや学ぶ意味など考えられなかった。人とくらべて頭が良いとか悪いとか、そんな次元のことが気になってしかたなかった。よく好きな教科、嫌いな教科を聞かれるが、私のばあい、これが好きだと答えても、それはその教科に面白みを感じるからではなかった。好き＝成績の良い（で

きる）教科ということでしかなかったのである。

これはけっして特異な例ではない。むしろいまの日本で学校時代をすごした多くの人々に共通の感覚だと言ったほうがいいかもしれない。それにしてもどうしてこうした感覚が一般化してしまったのであろうか。その背後に学校における評価の問題がひそんでいることはまちがいない。

悩みの種としての評価

一方で、子どもたちに評価を下す教師たちの思いも単純ではない。数値として表される子どもたちの評価＝成績は、あくまで一つの便宜、つまり子どもたちを勉強へと駆り立てる手段ではあっても、もとより教育の目標などではない。多くの教師たちは少なくとも建前上そう思っている。ところが評価は一つの学校のなかでは閉じず、上の学校へ進むための制度的な手続きとして（たとえば内申書）利用される。じっさい、そうして上の学校にどう進むかで自分の人生が決まりかねないという強迫的な発想が人々を覆っているなかでは、ともあれ内申点を上げ、学力をつけて、子どもたちを希望通りの学校に合格させることが、現場の教師に求められる。そんななかで教師にとって教育評価（点つけ）は、もちろん学校教育業務の一環として避けることができないし、不本意にも評価＝成績を高めることが目的であるかのように振る舞わなければならないこともしばしばである。いや、そうした自覚以前のとこ

注１　この当時勤めていた大学での授業後アンケートによる。

ろで、子どもたちにとっての勉強と同じように、評価は教師たちにとって日常的な営みとして慣性的な業務となっていると言ったほうが実態には近いのかもしれない。

もちろん、ここにも違和の芽はあちこちに芽吹いている。教えることの意味が子どもたちの成績に還元され、それでもって生徒たちを順位づけていくことの理不尽を感じる教師は多い。また成績で縛って教え込んだ学力が、結局のところ学校制度のなかでしか意味をもたない、いわゆる学校的能力に過ぎないことを自覚している教師も少なくない。しかし、そこに違和感を抱きつつ、教師をつづけるかぎり業務としての評価を放擲することはできない。それこそこの評価活動が学校の慣性のなかにしっかり組み込まれていて、それは単なる習慣ではなく、まさに教師が業務上回避できない職務となっている（＊64）。

ここから教師たちの悩ましい模索がはじまる。

2　学校は何をするところか（注2）

評価行為の背後にある前提

問題を根本的に考えようとすれば、いまの学校教育の表面上の問題を横において、そもそも学校とは何をするところなのか、そこで子どもたちが学ぶとはどういうことなのか……と、「そもそも」論を展開するところからはじめなければならない。そのような「そもそも」論を展開しても、おそらくいまの状況の暗さを浮き彫りにする結果に終わるだけかもしれない。しかし、かといって問題の根本を見ぬままに、表面的な問題のみをあげつらって、こうすべきだああすべきだと、スローガンを打ち上げても、嘘っぽさにつきまとわれるだけ。情況が

＊64　じっさい、子どもたちの学力は、内申点や入試の成績に反映するという域を越えて、学習成果として業務文書に記録することが、事実上、義務づけられている。たとえば、年度末に教師たちは個々の子どもについて、一年間の学習の成果を「指導要録」のかたちで記録し、「重要文書」として金庫に厳重に保管することになっている。ところが、この重要文書の情報が、子どもたちのその後の教育に向けて参照され、活用されるわけではない。子どもが転校したときなどには、その子どもの個人記録として転校先に送られはするが、そこでの情報が教育の現場で活用されることはないし、また活用できるような性質のものではない。

暗いなら暗いで、まずはその暗さをしっかり見つめる以外にない。

多くの教師にとって評価という行為は、ともあれやらざるをえない業務である。問題はこの現実からはじまる。生身の子どもたちを前にして、彼らとかかわるなかで、内発的な思いから評価の必要性を感じ、個人の発意でもって評価という行為をはじめたということでは、おそらくない。教師という職に就いたそのときから、評価はその業務の一つとして与えられていたのである。この現実のうえで、何のために評価するのかという問いを真剣に問うのは容易でない。学期末ごとに評価の業務に追われながら、何でこんなことを、と思うことも少なくないだろうが、しかし他方で、そうあえて問うのも空しいほど、評価の行為は厳然たる現実としてすべての教師に課せられている。

それでも、あらためて問うてみよう。評価は何のために、また誰のためにあるのか。

考えてみれば、これは他人事でない。私自身、大学に勤めて以来二〇年あまり、年度末には受講生に試験やレポートを課して、これを評価し、単位を認定してきた。そしてそれ以前は、逆に自らが生徒としてあるいは学生として、教師たちの評価にさらされてきた。しかし、いったい何のために。

教師が子どもたちを評価するとき、まず子どもたちに教えるべきこと（子どもの側からは学ぶべきこと）があるということが前提になっている。教えるべきことがあるからこそ、それが子どもにどれだけ身についたかを確認しておかねばならない。それでもって子どもの現状が把握でき、次へのステップが用意できるということなのであろう。あるいはこうも考え

つまり、本人の学習状況を記録しただけの行政文書であって、それ以上のものではないのである。そんな記録など残しても仕方がないということで、かつては教職員組合の運動として、文書の各項目すべてに「特記事項なし」と記載する運動が展開されたこともあったが、いまではそうした問題提起がなされることもなく、年度末になれば「指導要録」を個々の子どもについて作成し保管するという業務が延々とつづけられている。

注2　この文章はもともと『教育評論』五六〇号、一九九四年に所収の拙稿「何のための評価か」をもとに加筆修正したものである。

られている。学んだことがどこまで身についたかを評価することで、それが子ども自身にとって励みになる。もし評価ということがなければ、子どもたちは、学習進度の目安がつかめないだろうし、それだけでなく学習の意欲そのものが維持できないであろう、と。

教えるべきことがあるという、この前提を疑わないかぎり、評価の行為には確たる意味があって、あとは評価の技術論のみが問題だということになる。しかし、評価の意味を問う「そもそも」論は、そのもう一つ手前にまで逆上って、学校で「教えるべきこと」とは何か、そこで子どもが「学ぶべきこと」とは何かという問題から論じはじめなければならない。あるいはもっと根本的につきつめて、そもそも人は何のために教え、何のために学ぶのかを問うことなしには、その成果を測る評価の意味も、ほんとうの意味では見えてこない。

学ぶことの意味――制度的意味と実質的意味

子どもたちは何のために学ぶのか。

この問いはあまりに自明すぎて、ほとんど真面目には問われることがない。いや、そこまで開き直って問うてしまえば、もう何も分からなくなって議論にもならない、そう思われているのかもしれない。しかし、ほんとうのところを言えば、この問いこそは、評価の問題を論じるうえで、どうしても避けて通れないものである。それにまた、この問いを突き詰めていくことで、いまの学校状況の奇妙さが浮かび上がってもくる（注3）。

少々迂遠ではあるが、具体的なところで、私にとって身近な、大学での講義から考えてみよう(*65)。小・中・高で教壇に立っている人であれば、教師になる前の大学時代を思い起こしてもらえばよい。たとえば、教育心理学という講義があったことを覚えておられるだろう。教

＊65　私が大学で教員として学生を前に講義をしはじめたのは一九七六年、担当したのは「教育心理

員免許を取るための必須科目であるから、教師になった人ならば、この講義をみな受講し、単位をもらってきたはずである。

必須科目であるということは、教師になる人たちがみな「学ぶべきもの」だとみなされているということなのだが、では教師になってしまったいまの時点で振り返ってみてどうだろうか。それは教師となるためにどうしても学んでいなければならないことだった、と言えるだろうか。あの講義を受けていなければここでこうして教師の仕事をこなすことはできなかった、そう思えるだろうか。あるいは教育現場で行き詰まったとき、あらためて教育心理学のテキストを開いてみたいという思いに駆られることが、どれくらいあるだろうか。

大学でこの講義を教える立場にいる人間として少々心苦しいことだが、私自身は、いま多くの大学で教えられている教育心理学が、制度上ではなく、実質的に教師にとってどこまで必須のものか、大いに疑問を感じている。教師になるために制度上は「学ばなければならない」とされていること（制度上の必須）が、ほんとうの意味で学ばなければならないといえる（実質上の必須）かどうか。この点、はなはだあやしいと思わざるをえないのである。ところが、そのはなはだあやしいものでも、履修すべきものとして制度のなかに組み込まれるや、その内実のあやしさは横において、教員志望の学生はみな文句を言わずにこれを学び、単位の取得を目指す。「そんなあやしげなものは、私、受けません」という学生は一人もいない。どんなに無意味に見える講義であれ、講義は講義である。必須ということになれば、愚痴を言いながらも、とにかく単位をもらわなければということになる。

注3　岡本夏木・浜田寿美男『発達心理学入門』（岩波書店、一九九五年）

学」「発達心理学」などで、学生たちが教員免許を取るうえで必須のものであったし、加えて養護学校（いまの特別支援学校）の教員免許取得を目指す者も少なからずいて、そこでも必要となる「障害児の心理学」や「障害児教育実習」なども担当していた。養護学校設置義務化がはじまったのは一九七九年のことで、私自身はこの義務化によって障害をもった子どもたちが別学体制の下、「養護学校」に囲い込まれることに賛成できず、どのような障害をもっていても「共に生き、共に学ぶ」という共生共学の運動に共感し、その運動にも参加してきた。その意味で養護学校の教員免許取得課程の一翼を担ってきたことは、表向き矛盾することだが、私のなかでは現状の別学制度に食い込むことで、そこに批判の目を向け、かつ学生たちにもその思いを伝えることには意味があると考えてきた。

それは学生の気持ちとして当然であろう。私自身そう思う。しかし、そこにはあからさまな逆立ちがあることも、またまちがいない。

もともとは学ぶべき必要性があるという理由で制度化されたのであろうが、いったん制度化されると、今度は、制度に明記されていて、これを取らないかぎり教師にはなれない。だからこそ学生はこれを学ぶ。端的に言えば、多くの学生たちは学んだことが自分の生身のこの生活のうえで意味（実質的意味）をもつことを求めてはいない。むしろ、それが点数で評価されて単位になり資格になるからこそ、それを学ぶのである。そこで学生たちが求めている意味は、実質上の意味ではなく、あくまで制度上の意味なのである。はっきり言って、単位からも免許からも切り離された非制度の場で教育心理学を教えたとすれば、どれだけの学生がこれを受けにくるのか、きわめて疑問である。

それは教える側にとっても同じである。[*66] 私はときに、ゼミや講義をやりながら、ほんとうのところは、学生たちに伝えたいことを伝えられれば十分ではないか、それを学生たちが受けとめ、自分なりの考えを展開させていくきっかけになれば、もうそれ以上のことはないではないかと思ったりもする。ところが、私の仕事はそこで終わらない。どんなかたちであれ受講生を評価し、単位の認定・不認定を決めないかぎり、仕事が終わったとはみなされない。私塾ではなく大学というところでメシを食っているかぎり、評価の業務はやらざるをえない制度上の制約であるし、また学生のほうでは、いかにいい授業をしても、成績評価して単位認定に結びつけてもらわないかぎり満足しない。

逆に、どんなに内容のないつまらぬものであれ、とりあえず講義をうけ単位を認定されて、資格をもらい教師になってしまえば、あとから「先生、あれはまったく役に立たない意味の

＊66　思えば、私がながらく大学教員としてメシが食えたのは、担当した発達心理学や教育心理学が教員免許制度に組み込まれていて、教員免許を出す大学ではこの講義を行う教員の雇用が必要だったからにほかならない。そして、じつのところ、この発達心理学や教育心理学が当の学校教育に対して何らの実質的な意味がなくとも、この講義を受けた学生が教員免許を取得して教員になり、この講義を行った大学教員がそれでもってメシが食えれば、その制度的な意味はまっとうされることになる。

ない授業でした」と文句を言ってくる学生はほとんどない。普通の商品では、買った品物が不良であれば、当然、文句を言って交換を要求すべきところ、大学での講義は内容の良否で返品を要求されることがないのである。実質的な内容ではなく、制度的な単位や資格に受講の意味が集約されかねない。いや、ほとんどそうなってしまっているところに、いまの大学教育の問題の一つがあることはまちがいない。

誤解なきよう断っておけば、私はここで教育心理学がそもそも無意味だと言いたいわけではない。人によって、そこに何らかの実質的な意味を得る人がいないとはいえないし、また多くの人に実質的な意味をもつような講義にしていくことこそが、教員には求められているのであろう。ただここでは、免許取得のためにこれを受講する多くの学生にとって、その実質上の意味は二の次であって、求めるべきものはあくまで制度上の意味にあるという現実を指摘しておきたいだけである。じっさい、採用試験までは一所懸命に教育心理学上の知識をいろいろ覚えても、採用が決まってしまえば、そのほとんどを忘れてしまう。いや、実際に忘れてしまっていても、教壇に立ったとき、いっこうにさしつかえないのである。この逆立ちした現実をまず正面から見定めておくことが必要だろう。

学習と評価の逆転

さて、私のここでの本題は、もちろん大学における教育心理学の意味を論じることではない。これはあくまで比喩的な一例として取り上げただけである。問題は、これと同じような事態が小・中・高の学校状況に見られないかどうかにある。

学校で学ぶことは意味がある。そう信じられている。大学で教えられる教育心理学が教育

じっさい、教育心理学は現実の学校教育においてどれほどの意味をもっているのか。たとえば、もし教育免許制度で教育心理学を必修科目にするのをやめたとしてみよう。そのときわが国の学校教育にどのような変化が表れるであろうか。おそらく何の変化も見られないはずである。現に教育心理学を必須科目として受講し、教員採用試験であらためてその教科書を勉強して学校教員として採用された人たちに、「教育心理学で学んだことが学校現場で役立っていますか」と聞いてみたことがある。そのとき「役立ちました」と答えてくれた人は皆無だった。いや、それ以前のところで、「そもそも大学の授業で教育心理学を受けたことは覚えているが、そこで何を学んだか覚えていない」という答えが大半なのである。端的に言えば、教育心理学の勉強は教員として就職するうえで「役立った」けれども、教員になってから教育現場で「役立った」と思ったことはないということなのである。そうだとすれば、その人にとって教育心理学は何だったのか。そこまで自虐的にならなくてもいいではないかと言われそうだが、この現実はわきまえておかなければならない。

現場で意味をもつかどうかについては、教育心理学会でときに真面目に論じられることがあるくらいだが、小・中・高の学校で学ばれることについては、あえてその意味を正面きって論じられることは少ない。なるほど一般論として言えば、学校で学ぶことの一つ一つは何らかのかたちで、この世の中において意味をもった知識であり、技能であると言ってよい。しかし、私がここで問題にしようとしているのは、世の中において意味をもっているかどうかではなく、これを学ぶ子ども自身にとってどういう意味をもつかである。微妙なようだが、そこには大きな違いがある。

たとえば、子どもたちが憲法を学ぶことの意味を考えてみよう。日本国憲法第一三条には「すべて国民は、個人として尊重される。生命、自由及び幸福追求に対する国民の権利については、公共の福祉に反しない限り、立法その他の国政の上で、最大の尊重を必要とする」と記されている。ここに言う「生命、自由及び幸福追求に対する……権利」を国民一人一人の与えられた権利として教え、またこれを学ぶことの意味は、もちろん誰もこれを否定はすまい。それゆえ、教師が意味あることとして教え、子どもが意味あることとして学ぶ。そして学んだ以上は、現にこの権利が自分において、また自分の周囲において満たされているかどうかが、互いに検討されねばならないし、その検討を経てそこに問題が見出されたときには、ただちにこの権利を十全に満たすべく努力がなされなければならない。そうであってはじめて、憲法のこの条文を学んだことの実質的意味がまっとうされたことになる。

意味あることが教えられ、それが学んだ当の子どもの生活において、実質的に生かされる。そうなれば、そこにはなんら問題はない。ところで、現実はどうであろうか。教師の側では、もちろん憲法のもつ実質的な意味を念頭に、これを子どもたちに教えているつもりではあろう（少なくとも、そう信じたい）。しかし、学ぶ子どもの側から見たとき、どうであろうか。子どもたちに、これを学ぶことの実質的な意味がどこまで意識されているだろうか。子どもたちが憲法を教えられたとき、その憲法に示されたものの考え方を学び、これでもって自分の身の回りを見つめ直すということをやっているだろうか。むしろ覚えた憲法の知識をただ試験で発揮するだけに終わっていないだろうか。その両者のあいだには大きな違いがある。

じっさいのところを言えば、建前はともかく、子どもたちの本音の意識のなかでは、学校で学んだことは試験で試され評価される、だから覚えておかなければならないということになっていないだろうか。残念ながら、それが子どもたちの現実認識ではないかと、私には思われる。そうだとすると憲法の知識は教えられても、憲法の実質的な意味は伝わらない。もちろん問題は憲法の学習にかぎらない。どんなに重要な、意味のあることでも、それが学校という場で教えられ、その学習の度合いが成績として評価され、それを競い合うようになると、そこにおかしな逆立ちが生じることになる。

こうした話を講義でしゃべったときのことである。ある学生からこんなレポートをもらった。

高校の現代社会の授業でのことだったと思う。憲法の前文を覚えるというテストがあった。だけどあの長い前文をどうしても覚えることができない。そこで先生は、これを歌で覚えると忘れないと言って、テープを聞かせてくれた。なんと憲法前文が歌になっているのだ。誰かがちゃんと作曲しているのである。これには驚いた。歌を聴き、覚えることで、テストはできた。いまでも前文を見れば歌えるかもしれない。それほど印象に残っている。しかし、その憲法前文がいったい何を私たちに伝えるものであったのか、そのなかの何が私たちにとってどういう意味をもっていたのかについては、私の頭のなかに何らの痕跡も残っていない。いったいこの結果は何なのだ。

先生が「これは大事なことですから、よく覚えていてください」と言う。そして大事なことだから、子どもはそれを覚える。そこで先生がよく覚えたかどうか、試験などで個々に試し、評価を下し、成績をつける。それはそれで当然のことだと思われている。しかしそこにおいて、学ぶ子どもの側に意味のすりかえが起こる。大事なことだからしっかり覚えてこれを自分の生活に十分生かしていこうというのなら、なんの文句もないのだが、そうした建前のうえで、現実には、これを覚えて試験で正解を出さなければ良い成績をもらえない、だから覚えるのだということになってしまう。それは、教育心理学が教育現場でどこまで実質的な意味をもつかは別にして、ともかくこれを取らないかぎり資格を取得できないから勉強するというのと、基本的にかわりはしない。そこで子どもたちが求めるのは、学んだ知識の実質的な意味ではなく、学校制度のなかでの評価（成績）を高めるという制度的意味以外の何ものでもないのである。

学ぶことと生きること

学校における学習と評価は、そこだけを取り出せば、何かを「学習」して、それがどこまで身についたかを授業中の発問とか、あるいは授業の終わりの小テストや単元ごとのテストで「評価」し、その「評価」の結果に基づいて次の「学習」を組んでいくもので、その次の

「学習」の結果をまた「評価」して、さらに次の「学習」につないでいく。つまり、そこでは

……学習―評価―学習―評価―学習……

という回路で、左の図のなかで囲っているように「学習―評価―学習」を単位に、評価はあくまで学習結果をフィードバックするものとして展開する。大事なのは学習が、本来、「このいま」の生活世界に生かされてはじめて意味をもつということである。

ただ、ここで生活というのは、家庭生活などに限定された狭義の意味ではない。個々の具体的な生活行為から、身の回りの世界を考え、周囲の人々との関係を深め、学び知る世界を広げるというところまでを含めて、その生活世界の全般にかかわる。そうした広義の意味で「生きる」ために大事なことだから学び、学んでそれをここのいま「生きる」ことに生かす。言い換えれば、学習と評価の回路はそこだけで意味をなすのではなく、より大きな生活世界の回路のなかにあることではじめて、本来の意味を発揮する。(*67) あえてこれを図式化すれば、左の図のようになる。

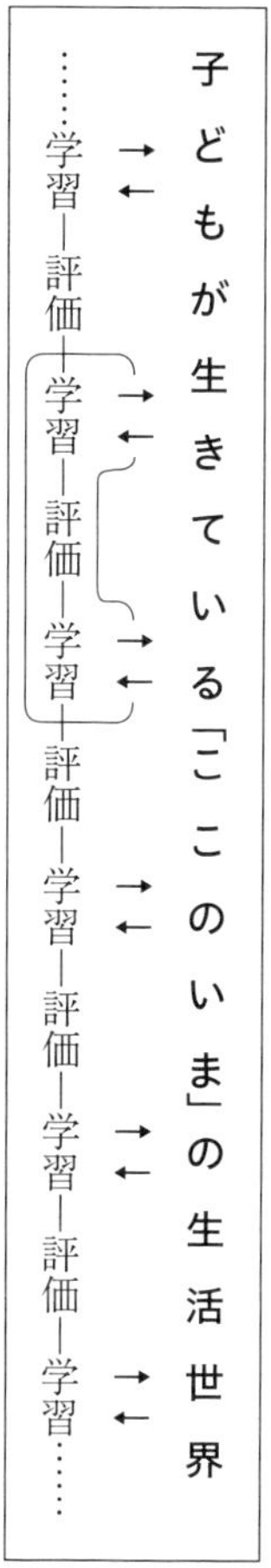

こんなことを書きながら、つい思い出すことがある。

もう一〇年あまりも前のことになるが、ある小学校でこんな冗談のような話を聞いた。家庭科で洗濯の実習という授業が企画されたらしく、学校に洗濯を要する汚れ物をもってくるようにという指示があった。いままではどの家庭にも洗濯機があって楽に洗濯ができるが、か

＊67　学校では狭い意味での日常生活にはほとんど使うことがないようなことも学ぶ。たとえば、私たちがいま日常的には使うことのない日本語の古典を学ぶ。それを学ぶことによって昔の人たちが生きていた言語世界をその言葉通りに読み、聞くことができるようになるし、それによって私たちの現在の言語生活をそこにつながる一連の流れのなかに位置づけて理解できるようになる。そう考えれば、古典の世界もまた私たちの「ここのいま」の生活世界につながっている。あるいは高校になって微分積分を学ぶ。これもまた子どもたちが狭義の日常生活で使うものとはならないが、しかし、これを学ぶことによって、それまでの算数から数学を通して学んできた世界をさらに圧倒的に広げることができるし、それによって見えてくる世界が違ってくる。そういう意味で子どもたちの「ここのいま」の生活世界の広がりにつながる。ここで言う「生活世界」にはそうした広がりを込めている。

つては固形石鹼で洗濯板を使って苦労して洗っていた、その苦労を子どもたちに教えようということだったのだろう。街なかとは言え、周囲にまだ田畑の広がっている地域で、子どもたちは学校から帰るとすぐさま外に飛び出し、いつもどろんこになって帰ってくる。だから、汚れ物にはことかかない。そこで、ある子が洗濯実習のためにしっかり汚れたシャツを一枚もっていったのだが、その日、その子は妙にシュンとして帰ってきた。聞いてみると、班ごとにたらいと洗濯板を与えられて一緒に洗うことになったのだが、その子が洗いはじめると、他の子どもたちに「やめろ」と言われて、洗えなかった。そんな汚れたものを洗うと水がきたなくなる、というわけである。他の子どもたちは、ほとんど洗う必要はないようなきれいな衣類を家からもってきていたというから驚く。そうして見れば、子どもたちにとって、学校での授業は、いかに生活らしい見かけをもたせても、結局は模擬でしかないのである。(*68)

学校というところは、良かれ悪しかれ、現実のすぐそばにあって、だからこそ現実の問題をなんとか教室のなかに引き入れて、それを子どもたちにも考えさせようとする。それ自体は、もちろん、いいことだが、実際には学校に入ったとたん、大事なこともほとんど「ごっこ」に近いことになってしまう。たとえば、民主主義の世の中、子どもたちにも自治の精神をということで、生徒会などの自治活動を推し進めようとしても、現実には生徒会で子どもたちが決めたことがそのまま子どもたちの学校生活のなかに実現するかというと、そうはならない。生徒会で決めたことでも、教師たちがその結論を許容しないかぎり、実際にそれが実現することはないからである。民主主義のかたちを子どもたちに示そうとしていながら、それが「ごっこ」にしかならずに、皮肉に言えば、民主主義の体裁をした傀儡政権のありようを学ぶということになってしまう。

＊68　ここに書いたような話は、制度化された学校ではあちこちにあって、以前から笑い話のようなかたちで揶揄されてきた。「制度化」はしばしば人々を「生活」から切り離してしまう。つい最近に出た上尾正道『ジョン・デューイ』（岩波新書、二〇二一年）を読んでいて、そこにイリノイ州モーリン市の教育長の談として「教科書に掲載されているミシシッピー川が、自分たちの家のそばを流れている川と関係があるということを知って驚く子どもが毎年いる」という話に出会った。こういうことは昔からどこにでもあったのだとあらためて思ったものである（この話はもともとデューイの『学校と社会』（宮原誠一訳、岩波文庫、一九五七年）に出てくる）。

評価（成績）の一人歩き

家庭科の授業などは、それが「ごっこ」にとどまってしまえば、先の例のように、その矛盾が見えやすいし、それを指摘することは容易なのだが、他の授業では生活とのつながりが直接問われることは少ないために、そこでの「学びの世界」が広義の意味で「生活世界」につながることを子どもたちに伝えるのは容易でない。そこでたいていの場合、大事なことだから勉強しておかなければ将来あなたが困るんですよと、子どもをおどしながら、授業を進めることになりがちである。しかし、じつのところは、それが将来どういう意味で必要なのか、それを身につけなければどう困るのか、いっこうにはっきりせず、ただただ「大事なことだから」ということだけが、やみくもに強調される。

大事なことだから学び、大事なことだからそれがどこまで身についたか評価して、成績をつけ、それを子どもどうしが競い合う。そうして、子どもたちにとってはその成績を高めることが学習（勉強）の目的となる。そこでは、先の学習―評価の回路の周囲から、生活の軸がすっかり消えて、学習（勉強）はひたすら評価（成績）を高めるためにするものであるかのように、

……成績―勉強―成績―勉強―成績―勉強―成績―勉強……

回路が回りつづける（＊69）。

先の119頁に図示した回路では、評価は次の学習につなげていくためのフィードバックの一環であって、この回路の単位はあくまで「学習―評価―学習」というところにあったのだが、ここでは成績を上げることが目標となるために、現状の成績を少しでも上げるために勉強し、その成果を次の試験の成績で確認するというように、回路の単位は「評価―勉強―評価」と

＊69　ここで「成績」は、「勉強」によって自分がどこまで理解したかを自分のなかでそのつどチェックして、次の「勉強」につなげていくという意味をもつより、多くの場合、むしろ評点として競い合うものとして意味をもつ。成績が集団で行う試験の成果であるために、その成績は一緒に試験を受けた子どもどうしのあいだの「競争」でしかなかったりする。学びにおけるこの「競争」という感覚がいま子どもたちのあいだに蔓延していることが「勉強の意味」を変質させている。このことは誰もが気づいているはずのことだが、簡単に変わらない。つい最近も、小説家の森博嗣が『勉強の価値』（幻冬舎新書、二〇二〇年）のなかでこのことを強調しているのを読んだ。

いうかたちで区切られる。つまり成績評価を高め、ひいては学歴・学校歴を高めることが第一目的となって、成績評価が一人歩きをはじめ、その成績が望むべき学歴・学校歴に交換されればそれでよしということになる。かくして子どもたちから学ぶことの実質的意味が奪われ、学校での学びがもっぱら制度上の意味しかもたなくなってしまう。これをあえて図示すれば左の図のようになる。

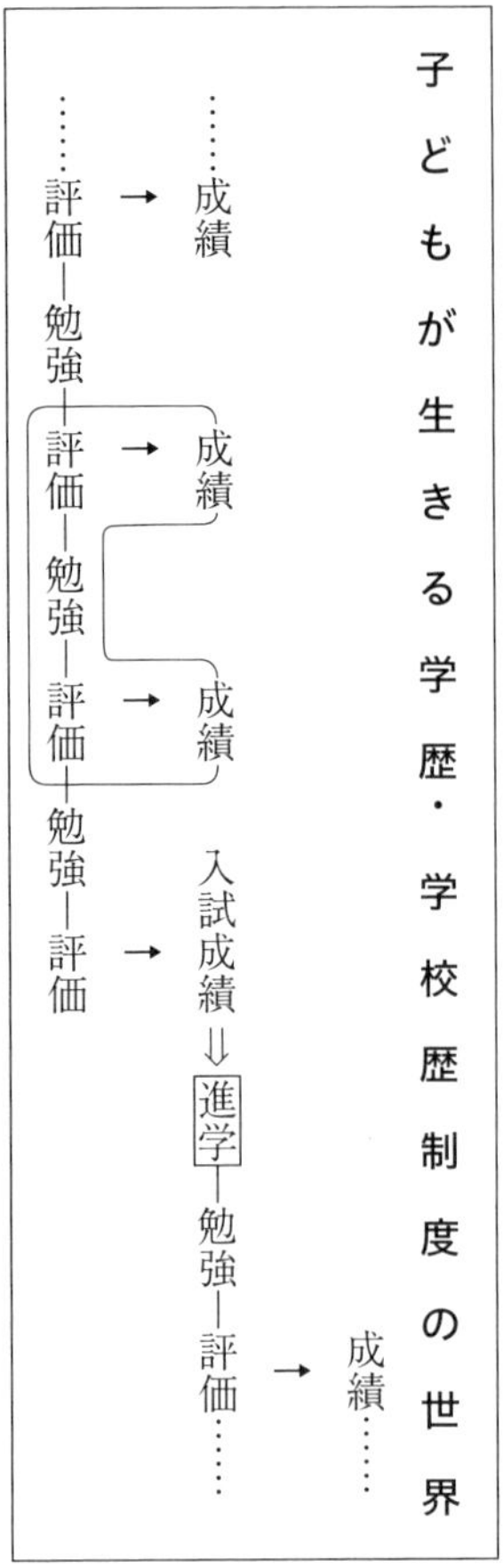

これはけっして極論ではない。多くの子どもたちにとって文字通りの現実である。教師の側では、子どもの学んだことが将来当の子どもが生きていくうえでなんらかの力になるはずだと思いたい。しかし、多くの子どもにとって、現実的なところで、学習は成績のための勉強であり、入試に合格するためにあり、より良い高校、より良い大学に入って学歴、学校歴を高めるためにある。いやいや、教師の側でもしばしば、子どもたちの成績を上げてより良き高校、より良き大学に入れることに教師としての喜びを見出し、教育の目的はそこにあるかのように錯覚しかねない。かくして学習の実質的意味は退き、もっぱら学校制度の梯子をより早くより高くかけ登るという制度的意味のみが、子どもたちを圧倒し、親や教師を圧倒

する。そして、このようにして学ぶことの意味がすりかわってしまったとき、じつは学んで得たものの意味もすりかわっている。

ある裁判から

　憲法を学ぶという例をここで再び取り上げてみる。憲法は知識ではない。一つの思想であり、生き方である。たとえば、その第一三条にいう「幸福追求権」は、もちろんお飾りではない。生身の一人一人において具体化すべきものである。

　もう数年前のことになるが、特殊学級への措置に異議を申し立て、普通学級への入級を求めて裁判を起こした中学生がいた。北海道留萌の山崎恵さんである。この裁判に対して、旭川地方裁判所民事部は入級措置の権限は学校長にあるとして、その請求を却下した（＊70）。山崎恵さんは出生時の脊髄損傷のために下肢に重い障害があって、小学校一年のときは家族の介護付きで普通学級に通ったが、介護していた家族が次つぎ病に倒れたため、訪問教育に切り替えざるをえなかった。しかし、ほとんど友達関係を断たれたその生活に耐えられず、小学校六年になって元の普通校に戻るが、普通学級入級は認められなかった。そこで中学校に上がるときは是非とも普通学級にという強い願いをもって、教育委員会と折衝した。委員会側も、両親の了解なく中学校に特殊学級を設置して、そこに恵さんを入級させることはないと言っていたのだが、いざ入学してみると、知らぬ間に恵さんだけのための特殊学級がつくられていて、彼女はそこに入級させられたのである。山崎さんはやむなく訴訟に踏みきることになった。

　この訴訟で山崎さんは、普通学級入級の選択権は子ども本人およびその両親にあるとの主

＊70　これは一九九三（平成五）年のことで、この判決を不服として山崎さんは控訴したが、控訴審でも翌一九九四（平成六）年におおよそ第一審判決を認める判決がなされている。この裁判については北海道教職員組合の人たちが支援したことで、私も当時山崎恵さんと会い、集会に参加したりしていた。

張を掲げ、その根拠の一つを憲法一三条に求めた。山崎恵さんが普通学級に入ることが「公共の福祉に反しない」ことは明らかであるから、その限りで彼女が自らの幸福を自ら選択し追求するのは当然であろう。それこそ、いわゆる自己決定権というものである。(＊71)

山崎恵さんの訴訟には、もちろん両親や弁護士の支えがあった。しかし、この訴訟を担ったのはやはり山崎恵さん本人であった。訴訟を提起してから判決までの二年余り、入級を阻まれたまま、登校しても周囲から冷たい仕打ちを受けつづける日々を耐えて、半端な和解を拒んできたし、最終段階で裁判所から校長の裁量権を認めたうえで「裁量権逸脱」を主張する気はないかとの打診があったとき、これを拒絶したのも本人の強い意向によってであった。「それを認めたら、私のばあいには行き過ぎを認められても、もっと『障害』の重い子が普通学級を望んだときには、認められなくても仕方がないということになってしまう」というのである。自分の幸福追求のために他者の幸福追求の機会を奪いかねない、そんな危険な誘惑をはねのけて、彼女は「裁判には負けたが自分には克った」。

山崎恵さんはこの裁判の過程で憲法を学習することになる。それは「生命、自由及び幸福追求に対する国民の権利」がその第一三条に書かれているという、単なる知識の学習ではなかった。それは文字通り自分がどう生きていくのかという原点にかかわる学習であった。そこで学んだことは、学校制度をかけ登るための制度的意味（評価・成績）に属するものでないことはもちろん、生活上の実質的意味を超えて、実存的意味とさえ言っていいほどの質をもつ。学ぶということはこういうことではないのか。

それに対して、山崎恵さんの訴えを退けた裁判官は、幸福追求権に触れてこう言う。「こと教育の内容に関する限り、何が子どもにとって幸福であるかは、公教育制度を離れて子ど

＊71　子どもの権利条約が国連総会で採択されたのが一九八九年、わが国がこれに批准したのが一九九四年であるから、ちょうどこの訴訟の進行中のことである。この子どもの権利条約の肝は、子どもを単に守るというだけでなく、一人の主体として認めるところにあり、その意味でもとりわけ自己決定権が強調された。この自己決定権は、じつは「失敗の権利」なのだということを、この訴訟運動のなかで聞いて、なるほどと思った記憶がある。「普通学級に行っても苦労するだけだから、配慮された特殊学級の方がいいですよ」というパターナリズムが子どもの権利を侵す。だから「失敗しても」それを引き受けてやっていく、それを認めるのが本来の自己決定の権利だというのである。じつはこの思想はポーランドの教育者コルチャックによると言われている。

もや親が自由に決めたり、子どもや親が主観的に欲するところのものが即同条でいう子どもの『幸福』に該当し、又は、子どもの『幸福』に合致する所以のものではないのであって……」。あるいはこうも言う。「心身障害を有する子どもの教育においては、……いわゆる障害児教育に関する科学と実践及び学校教育体系との関わりにおける様々な評価や、これについて利害関係者の議論を踏まえた上で、心身の障害の実態に即したきめ細かい教育課程が実施されるよう、いっそうの教育内容及び指導方法の改善・充実を図り、心身障害を有する子どもに対する教育条件の整備に努めなければならないのであるから、かかる教育内容を決定する機能は、かかる責務の担い手たる国に帰属するといわざるを得ない」。平たく言えば、個人の幸福は、それを配慮する専門科学と国家に委ねられているのだから、個々の人間が文句を言う筋合いのものではないというのだ。

ここでこの問題を深く立ち入ることはできない。しかし、中学生の山崎恵さんの選んだ道と、法律エリートたるこの裁判官諸氏の下した判決とを、その思想性（生き方）において比べてみたとき、はっきり言って私は山崎さんのほうに軍配をあげざるをえない。裁判官たちが法律の知識をレトリックとしていかに見事に使いこなしても、そこに表われる思想性の貧困はおおいがたい。学ぶべき大事なことを学んだという建前のうえで、しかし事実上は評価の一人歩きに先導されて、小・中・高そして大学と学習を繰り返し、さらに学習を重ねて司法試験の難関を突破し、司法研修所での成績評価によって選ばれ任官した裁判官諸氏。彼らにとって法を学ぶことの意味はどこにあったのか。一人一人がそれぞれその生きる場で喜び悲しみ、また悩み苦しむ、その生活を守るためにこそ法はあるはずなのだが、生活を置き去りにして評価のための学習に邁進してきた人々には、そのもっとも根本的なところで大きな穴がすっぽり空いてしまっているように思えてならない。

話がテーマから逸れたように見えるかもしれない。しかし、私はこのあたりにこそ、学習と評価にかかわる「そもそも」論のたどりつくべき原点があるように思う。

生きることと学ぶこと

人は生きていく過程でいろいろなことを学ぶ。そして、問題は「生きる」ことと「学ぶ」こととがどのように絡むのか、絡まないのかにある。

学校での学習の過程が人の生に大きな意味をもつことは、誰しも否定しない。そこで学習の過程を振り返り、次の学習を準備するために現状の学習成果を見定め、あるいはそこでのつまずきの原因を探るべく、評価を行う。このことについては誰も異論はなかろう。しかし、学校という制度が確固としてあり、そこで学ぶべき教育課程が明確に定められているなかでは、人が生きていく生活の過程を抜きにして、ともかく一定の学習が要求され、その評価成績が求められる。そして、その評価次第で学校制度の梯子をうまく登れるかどうかが決定され、またそれ次第で人生の成功―失敗が決定されるかのように強迫的に思わされてくる。そんななかで評価はまさに成績として一人歩きをつづけることになる。

あるべきは「生活のなかの学習」である。(＊72) 評価はその学習のための付随的な手立てでしかない。ところがその評価が意識の先に立ち、人々はそのために学習に励み、気がついてみれば本来もっとも問題になるべき生活はどこかに置き去りにされている。不登校、いじめ、あるいは学級崩壊、校内暴力、非行、今日学校をめぐって頻発する問題の大半は、この逆立ちに起因しているのではないか。私にはそう思える。

＊72　ここでの「生活」という概念が、「人が生きる」という茫漠としたものの全体を含んでいて、それを科学的ではないと言う人たちがいるだろうと思う。しかし、私は科学的であることにこだわってはいない。ここではこの「茫漠としたもの」から何かを切り出して見ること自身に問題がつきまとうことを思えば、むしろ、まずはこの曖昧さに耐えて考えることに意味があるのではないかと考えている。

3　あらためて評価の意味を問う（注４）

ちまたの教育評価本

いま学校は大きな曲がり角にさしかかっていると、しきりに言われる。なるほどそうだろうと、私自身も思う。きわめて直感的な印象で言えば、百年後の歴史家は二〇世紀から二一世紀にかかるこの時期を、学校教育の大きな転換点として描くことになるのではないかと、ひそかに思ったりする。(＊73) それだけ今日の学校教育の混迷は深刻に見える。そして教育評価をめぐる状況も、それに比例して大きな混迷の最中にある。評価問題にはいまの学校教育の問題がそれだけ集約的に現れている。

そのことを確認したうえで、学校問題の渦中から離れ、やや距離をとって見れば、この混迷の向こう側にそこを貫く時代の精神、というよりは時代の病理とも言うべき何かが透かし見えてくるような気がする。ここでは前節とやや異なった視点から、今日の教育評価論の構図を描いてみよう。そうすることで私たちの時代のなんたるかを、いま少しはっきりと浮かび上がらせることができるのではないかと思うからである。

ここでは、学校教育における評価はどうあるべきかといった「べき」論を横において、あらためて教育評価を人と人とのあいだで起こっている一つの現象として考えてみる。

手がかりを求めてまずは近くの大きな書店に出かけてみる。ある書店には教育関係図書が

注４　この節の文章はもともと『教育と文化』七〇号、一九九七年に載せた拙論「評価論の構図」をもとにしている。

＊73　この文章を書いてからすでに四半世紀が経過している。この間にインターネットを介した情報環境が大きく広がり、子どもたちもそこにすっかり巻き込まれ、そのことと連動して、学校状況も大きく変容を求められている。じっさい、いま新型コロナウイルス感染が地球規模で広がり、そのために学校での対面授業を回避し、子どもたちにそれぞれ端末機器を配布して、それでもって在宅での授業・学習が行われたりして、そこにさまざまな混乱が生じている。ここから今後どのようなことが起こってくるのか、私にはよく分からない。ただ私が懸念するのは、この情報環境の変遷・肥大化によって、子どもたちの「生活感覚」そのものが大きく変化して、それ

横並びに一〇棚分ほどを占めている。教育評価の理論や技術にかかわるものが、そのうちのまるまる二棚。その多さには正直言って驚く。一九九一年に指導要録が改訂されて以来、教育評価をめぐる議論がさかんになり、学校現場で評価様式がさまざまに見直されている表れでもあるのだろう。今日、評価は学校という場の付随的な営みというより、むしろそのかなり中心の位置を占める営みらしい。それにしても評価にかかわる書物の数に比して、その内容はすこぶる画一的である。これだけの書物がそれなりに出版されているということは、結構な数の教師たちがこれを買って、ときに参考にしているということなのであろうが、そう思うと暗然とする。

学校の教師たちはその業務として、通知表や指導要録をつける。それ以前のところで子どもの実態を把握すべく小テスト、単元テスト、定期テストを行う。宿題をはじめとしてたくさんの提出物を求め、それを評価する。また普段の学習状況から関心・意欲・態度を見る。これらの種々の評価業務がルーティンとしてあるがゆえに、ともあれそれを効率的にこなすべくハウツウを知りたい。そうした教師たちのニーズに答えるために、こうした大量の書物が出ているのではないか。少々嫌味が過ぎるかもしれないが、私にはそう思えてならない。じっさい、やるべき評価の形式はおおよそのところ、あらかじめ外から決められていて、そこから大きくはみだせない。つまりそこには「決まったかたち」があって、個々の教師によってその技術論に多少の相違はあっても、本質的な差異はほとんど見あたらないように見える。多くの教師たちはその慣性の流れのなかにいるのである。

そうだとすれば、評価技術論上の個々の小さな違いにこだわるよりも、まずは学校で行われている教育評価の現象を大摑みの構図で捉えることが必要であろう。

に連動して子どもたちの世界に（いやおとなたちの世界も含めて）重大な変容が起こってくるのではないかということである。人が生きている以上、どこまでも生身の「身体」が基本であることは変わらないが、いま、この生身を超えた情報環境が子どもたちの周辺に大きく広がっている。このことをどのように考えればよいのかがこれからの大きな課題となることは間違いない。

評価をめぐる三つのレベル

理論の枠組として、評価の現象を三つのレベルで整理するところからはじめよう。

まず、教育評価という活動をごく一般的に定義すれば、「教育あるいは指導の結果が、その目的あるいは目標に到達しているかどうかをみることである」ということになる（注５）。これを１次レベルの評価と呼ぶことにする。ただし、ここでは〈教える側―学ぶ側〉それぞれで、その評価の意味合いは異なるので、その二つは区別しておいたほうがよい。つまり、一つは〈学ぶ側の子ども〉が自分の学習度を知り、次のステップへとつなげていく目安とするという側面である。この評価は、子どもにとってさらなるステップアップへの動機づけにもなる。そして、もう一つは、〈教える側の教師〉が自らの教育の成果を測り、その営みを反省すべくそのフィードバックに活用していくという側面である。

現実の評価がここに上げたような働きをしているかどうかは別にして、一応の建前として言えば、評価の目的はこの二つに集約される。学ぶ側―教える側の相互の働き合いのなかで評価がこうして生きた働きをすれば、教育評価の理念は満たされたことになる。この１次レベルの評価が、教育評価論のもっとも原則的なレベルを構成する。

学校が〈教え―学ぶ〉場であるかぎり、多くの評価理論がこの１次レベルの原則に立つことを自らの存立基盤にするのは、ごく当然のことである。しかし、現実の学校では、純粋にこのレベルだけで評価活動が閉じることはない。

評価のもう一つのレベルは、小・中・高・大の学校段階を渡るときに選抜手続きのなかで

注５　辰野千壽『学習評価基本ハンドブック』（図書文化社、一九九三年）

行われるもの、つまり端的に言えば入学試験における評価である。これを2次レベルの評価と呼んでおく。小・中学校は義務教育期間であるから、私学を除けばこの選抜が問題になることはないが、高・大の段階については、選抜評価がしばしば深刻な問題を生み出している現実がある。(＊74) 1次レベルでは、同じ学校で一連の教育過程があり、そのなかで評価が行われるので、評価はこの教育と連携した営みとして意味をもちえたが、選抜での評価となると、それは一定数をふるい落とすことを目的としてなされるものであるから、合格した人についてては絶大な意味をもったとしても、不合格になった人については、その評価は失敗を印づけるものでしかない。

選抜という要素の入り込むこのレベルでは、こうして評価と教育とが原理的に分離される。まさにこの点で1次レベルとはその本質を異にする。そこで問題は、1次レベルから2次レベルへの接続部分に焦点化して表れてくることになるのだが、そこに話を運ぶまえに評価のもう一つのレベルを考えておかなければならない。

評価のもう一つのレベルは、じつは1次、2次のレベルのもう一つ手前にある。それゆえ、それは0次レベルとでも呼ぶべきものである。

1次、2次レベルの評価は学校教育を前提にしたものであった。学校は〈教師が教え、子どもが学ぶ〉という組織立てられた場である。そこには教師の側の立てた教育目標あるいは指導目標があって、その目標に応じて教育課程が組織化される（じっさい、国の決めた指導要領、それに準拠した教科書があって、個々の教師の裁量範囲はひどく限られている）。評価はその目標達成の手立てとして意図的に組み入れられた営みなのである。学校で学ぶべきことがある、だからその学ぶべきことをどこまで学べたかを知るべく、折々に評価を行い、

＊74　評価論のなかではしばしば「絶対評価」か「相対評価」かの対立が言われる。たとえば、ある資格を得るためにはその資格によって仕事をするうえでこれだけのことを身につけておかねばならないという基準があるということで、合格のための基準点をおいて、そこに到達しているかどうかを判定する場合、それが絶対評価にあたる。多くの資格試験はこの方式で行われている。一方の「相対評価」はここで言う「選抜評価」に当たるもので合格する人数があらかじめ決まっていれば、その枠に入るべく点数を競い、そこで合格最低点が決まる。そこでは基本的に「競い合う」こと、他者よりよい成績を上げて「勝つ」ことが目標となり、極論すれば勉強の場は「勝負の場」になる。ただ、そのいずれの評価であっても、学んで得た力や知識が当人にとって資格の取得や希望の進路の確保のために使われるだけであれば、そこでの学びが「制度的意味」のものでしかないことに変わりはない。

その成果をチェックする。狭義の評価はそうしたものである。

この狭義の意図的、組織的な評価に対して、評価の0次元とも言うべきレベルがある。つまり意図的、組織的とは言えない、人どうしの生活のなかに自ずと組み込まれた評価である。たとえば、言葉を話しはじめたばかりの幼児とかかわるとき、人はおのずとその幼児に合わせた話し方をする。あるいは衣類の着脱がまだ一人でできない子どもに、着替えのとき難しいところだけ手伝う。子どもが見よう見まねで鎌をもち稲を刈る、危なっかしいその仕草を見て、親が声をかけ、手を添えて教える。

こうした働きかけは、たいていのばあい、意図的、組織的なものではないのだが、そこに広い意味での評価が働いていることはまちがいない。たとえば、障害をもっているためになかなか日常生活動作が身についていかない子どもに対しても、通常は0次のレベルでそれとなく行われている。ところが、訓練施設の療育者たちはその子の力を見定めて療育目標を立て、療育の成果を評価する。そのようにして、障害をもつ子のばあいは0次の生活レベルのことが1次のレベルに持ち込まれて組織化される。そうして療育が組織化され、評価が意識化され、ときにそれが発達尺度として制度化されることすらある。そうなったとき、そのことがその子の生きやすさにつながるかどうかは、はなはだ疑問だが、それは別問題として、ともかくこの生活に密着したレベルにも広義の意味での評価が働いていることは確かである。

この0次のレベルの評価を、通常、私たちは評価と呼ばない。しかし考えてみれば、学校制度が登場する以前には、人の生活や育ちにおいてこの種の組織化されない働きかけや評価がもっとも重要な役割を果たしていた。いや、いまでも学校以前の子どもたちの生活において、あるいは学校年代に入った子どもたちでも、学校の外の生活のなかで、このレベルのや

りとりや評価のもつ働きはずいぶんと大きいはずである。(*75)

三つのレベルの接続

評価にかかわる営みを大きく三つのレベルに分けたうえで、次に問題になるのはこれらのレベルの接続のかたちである。

一つには、図7のような接続のかたちが考えられる。まず文字通りの生活のレベルがもっとも基底にある。そこで人どうしいろいろなやりとりをし、種々の基本的な力を身につけていく。歩行、言葉、排泄、食事、着脱など身辺の自立にかかわる力だけでなく、家族や地域のなかで遊びあるいは働き、人どうしの関係を学び、仲間関係を学んでいく。その過程にも広義の評価はある。これを私はいま0次の評価と呼ぶことにしたのだが、それは前述のように障害児教育においてのように発達尺度として制度化されてしまうばあいを別にすれば、本来「上から下への一方的な評価」ではない。やりとりの当事者のあいだにどれほどの力の差があっても、日々の生活においては人どうしとして「平らな関係のなかで双方向的に交わしあう評価」がなりたつ。0次の評価とは本来そうしたものである。

こうした生活レベルのうえに学校的な教育関係が制度として組織され、一般には、そこではじめて評価が見えるかたちをとって表れてくる。これが1次レベルの評価である。そこには組織立てられた教育目標が先にあって、子どもたちはこれによって先導され、またその達成を評価される。とは言っても、このレベルはもちろん0次の生活レベルと接続し、現実の学校生活では両レベルが入り混じっているというのが通常の姿であろう。じっさい、文字の読み書きなど、子どもたちは早くから生活のレベルで触れ、誰から教えられるともなく覚え

＊75 ここで思い出すのが「正統的周辺参加」という学習論である。心理学事典を引いてみると、「社会的・文化的な活動に最初は周辺的なことからかかわり、徐々に中心的な活動に携わるようになる学習の形態」と説明されている。よく例に出されるのが、職人のところで徒弟奉公をする子どもたちの学び方で、たとえば大工の棟梁の家に丁稚として入った子どもは、もちろん、最初は大工仕事のことは何も知らず、かと言って棟梁や先輩が一つ一つ手取り足取りして教えてくれるわけではない。新入りの子どもはとにかくそのときの手持ちの力のまま、自分なりにできる周辺的な仕事を自分で見つけて、それをやるところからはじめる。たとえば仕事で出た木くずやごみを掃除したり、道具の片づけをしたり……、そうしながら先輩の仕事の様子をちらちら盗み見て、自分なりにやれる手わざを身につけていく。つまり、本物の仕事集団、生活集団に自分なりの力で周辺から参加していき、そうした経験のなかでやがて自分もまた本物を担えるようになって、一人前の職人になっていく。それを難しく言えば、この「正統的」な仕事集

ていく。そこでは点数に反映されるようなかたちで見える評価がなされることはないが、子どもたちはこれを喜びとし、また身につけた力が確実に彼らの生活の広がりにつながる。

1次レベルはそうして0次レベルとの接面をもつ一方で、その上方で選抜という2次レベルの評価につながる。学校が組織立てられた教育目標に導かれた場であるかぎり、そこでの評価はふだんの教育・学習にフィードバックされることを建前としつつ、それだけでなく現実には節目節目で一定の評定として決着する。そのうえで義務教育期間の後にさらに進学を望むものがいて、望んださきの上級学校の収容人数に限度があるとき、その最終局面での評定が選抜として行われることになる。

この1次と2次の接面でもたがいが入り混じる。たとえば上級学校が、それまでの教育課程とは無関係に選抜試験を作成し、一発勝負で合格―不合格を決めてしまうならば、この接面は上下入り混じることなく、すっぱりと切れるかもしれない。しかし今日の高校入試におけるように内申書を重視した推薦制が一定のウェイトを占めるようになると、高校のイニシアティヴによる純粋な選抜評価と、それまでの中学校での教育評価とが混淆する。それだけでなく選抜試験の内容も、中学校で教えられたことを念頭において作成されるし、他方、中学校でもそれまでの選抜試験を念頭においた教育を一定程度その教育課程に組み込まざるをえない。

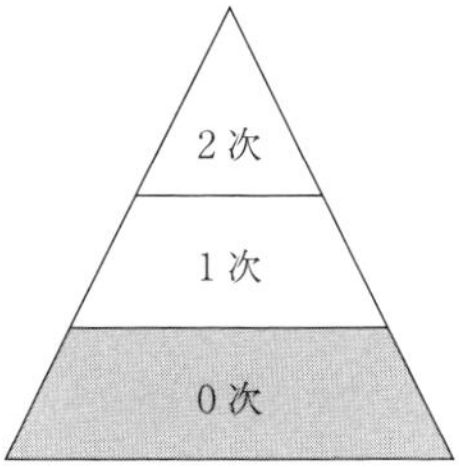

図7　評価の積み上げ
出所：長尾・浜田，2000，p. 32

さて、図7では、0次、1次、2次の三つのレベルを底辺の広い三角形で表した。もっとも基底にある0次の生活レベルこそが基本で、その後のレベルはいずれもここに照らして

団に「周辺」から「参加」するということになる。考えてみれば、徒弟奉公に限らず、子どもが育つということは、じつのところ、この道筋そのものである。親のもとに生まれて、最初はひたすら世話されるだけであっても、やがて自分なりにできることが出てくると、その手持ちの力を使って、親との共同生活の中心は担えないにしても、まずはその周辺から参加して生活の一部を担い、やがては中心部分をも任され、親から「助かるようになった」と喜ばれ、そうして子どもはやがておとなになっていく。その姿は昔もいまも変わらない。問題は、現在の私たちの家庭生活が、子どもとの「共同の質」をどんどん失っていることである。職住が分離して、親は外に仕事に出かけて、家庭のなかは消費の場であり、あるいは娯楽の場でしかないように思われて、そのなかで子どもたちはもっぱら「守られる」立場におかれ、親たちはとにかく「将来のために」学力をつけさせ、自律できるようしつけることに懸命になる。そうなると子ども時代はもっぱら将来のための準備でしかないことになる。思えば、私が子どもだったころ、田

意味づけられると考えれば、この図のようなかたちでイメージされる。また現実にも、上級学校への進学が限られていた時代には、おのずとこのようにイメージされる接続があったはずである。ごく素朴に言えば、代々農業をやってきた家で親父が「百姓に学問はいらん」とつっぱった時代があった。その時代、2次のレベルはごく一部の人たちだけの問題であり、1次のレベルは2次レベルに引きずられることなく、もっぱら0次の生活レベルの側に引き寄せられていた。

逆立ちした三角形――教育システムの離陸

しかし、この一世紀から半世紀あまりで、時代は大きく転回した。図7のイメージは、いまや私たちの実感からすっかり遠ざかっている。むしろこれを逆立ちさせて図8のように描いたほうが実感に即しているかもしれない。

いま子どもたちにとって、0次の生活レベルはどんどん希薄化、抽象化している。歩行や言葉、食事や排泄などの基本的生活についてはさして変わらないのは当然として、いま子どもたちはいわゆる仕事からほとんど解放されている。思えば、わずか五〇～六〇年前までは、子どもに任せられる日々の仕事が確実にあった。そしてそこから自ずと身につく生活感覚というものがあった。多くの子どもたちにとって学校での生活はまさにそのうえに接ぎ木されるもので、それ以上のものではなかったのである。

ところが、いまではその関係がまったく逆転している。学校に入る年代になれば、名前の読み書きはもとより平仮名くらいはだいたい書けるようになっていなければとか、数もある程度は分かっていなければという思いが、親たちのなかにしっかり根づいている。そのため

畑の仕事や山の仕事は家族総出で、小学校に上がる前後から一緒に働き、「正統的周辺参加」を地で行くような生活をしていた。そこでは文字通り「親の背中」を見て生きていたし、大きくなるにつれて親から「助かるようになった」と言われて、そのことを子どもなりに誇りに感じていた。親が一緒に遊んでくれるわけでもなく、仕事以外は放ったらかしで、面倒を見てくれることも、相談に乗ってくれることもない。それでもさみしい思いをしたことはほとんどない。なにしろ子どもは親からそれなりに当てにされていて、自分も共同生活者の一人だという実感が根にあった。

0次のうえに1次をつなぐのではなく、逆にもっぱら1次のための準備として0次が意識されるようになってくる。

この意識の逆転は、1次から2次の接面でさらに顕著に表れてくる。上級の学校に行く子どもが少ないころには進学は進路の一つに過ぎなかった。しかし、いまや高校の進学率は一〇〇%近い。そうした状況のなかで進学は選択の問題ではなく、行かなければ自分一人落ちこぼれてしまうという一種の強迫として、子どもに、そして親に迫ってくる。そこのところで矢印は確実に逆転する。つまり1次のうえに2次をではなく、2次のための準備として1次レベルの評価が意識されていく。

ここに、図7から図8への転回がどういうものであるかが少しずつ見えてくる。学校という制度は、そもそもその成り立ちからして、最初は国家の側から人々の生活のうえにどんと乗せられたものに過ぎなかった。それゆえ人々にとってはあくまで生活が軸であり、学校で身につけた力は生活の側に引き寄せられたかぎりで意味をもつにとどまった。ところが、やがて子どもたちから生活の臭いが失せ、他方で学校の梯子をより順調に登ることで将来の生活が保証されるかのごとき観念が時代を席巻するようになった。そのとき生活が学校を規定するのではなく、学校が生活を規定するようになる。

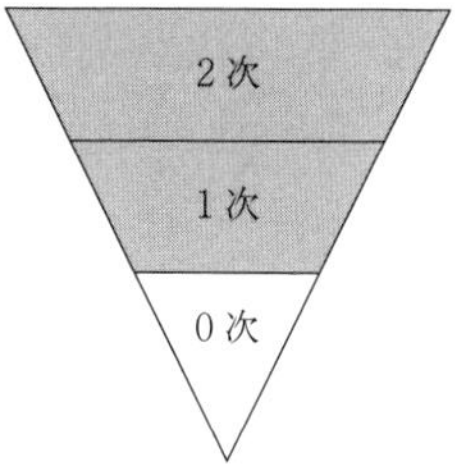

図8　評価の逆転
出所：長尾・浜田，2000，p. 34

図8の比喩をさらに推し進めれば、こうも言える。学校の意味、とりわけ選抜的評価の意味は、いまひたすら肥大化する一方で、その規定力が大学から高校へ、高校から中学校へ、さらに小学校へ、そして幼年期の早期教育へと、次々波及し

ている。他方で、子どもたちの学習が根を下ろすべき生活のほうはどんどんと痩せ細り、また抽象化する。そうすれば、やがてこの逆三角形は生活の根を断って、まるでアドバルーンのように離陸して宙に浮いてしまうかもしれない。いや、じっさい、学校という制度は、生活の根を一切断たれたところで、〈教育目標―評価―選抜〉の循環するシステムとして一人歩きしかねない装置なのである。(＊76)

教育システムの臨界で——学校の制度化がはじき出したもの

以上の話は、これまで言い古されたことをただ整理してみただけのように見えるかもしれない。しかし、評価を単に技術論として見るのではなく、こうした時代状況のなかに位置づけてみることがやはり必要ではないかと、私は思っている。では、この生活から離陸しかけた教育のシステムが、いま子どもたちに何をもたらしつつあるのか、ごく簡単に触れておきたい。

一つは、子どもたちにとっての学ぶことの意味の変質あるいは喪失である。学習の基底に生活があるとき、学ぶことの意味は生きることにあった。しかし制度が学習を規定し、選抜が学習を支配するとき、学ぶことの意味はただただ学習を成績に変換し、結果としてそれが選抜に結びつくというところに集約されてしまって、学んだことが生活の場に生かされるという当然の意識が失われてしまう。そこでは歴史知識は学んでも歴史認識にはつながらない。人権教育は受けても人権意識は育たない。子どもたちは知識を点数に換え、ボランティアを内申点に換える、そうしたさもしい根性を身につける一方で、学ぶことの真の意味を手放してしまうことになる。

＊76　職住分離が一般化したいまの時代、＊75に記したような「共同のかたち」が失われ、その内実がすっかり変わってきている。かつて内山節は、いまの学校という場を評して、子どもたちに「普遍」を教え「一般」を教え「客観」を教えることによって、子どもたちがいま生きている場に「根を下ろす」のではなく、その「根を断って」、遠い世界へと出て行くことを教えているという趣旨のことを書いていた（『子どもたちの時間』岩波書店、一九九六年）。思えば、近代の学校は子どもにとってそのようなものとして機能してきた。そのことに気づいた人は少なくなかったはずだが、しかし、その問題性に目をつむっていたように見える。

二つめに、教育のシステムが生活を離れ、システムとして完結したとき、そのシステムになじまない子どもたちが確実にはみだしてくる。その典型が不登校の子どもたちであり、障害をもつ子どもたちである。なにしろ彼らこそ、生きることの意味の問題をその身の回りに強烈に放射し、あるいは文字通りの意味での生活の問題を執拗に身にまとわせて、周囲に突きつけるからである。

三つめに、教育のシステムが子や親の希望のかたちを確実に成形してしまう。たとえば高校受験でどこにも受からないということは、今日、子にとっても親にとっても耐えがたい恐怖である。進路が断たれることへの不安が、とにかくどこでもいいから入れるところに入りたいという、じつにみじめな（しかし第三者には容易に批判できない現実的な）希望のかたちをつくり出してしまう。他方で成績に余裕のある子や親たちもまた、まったく同様の思いで、落ちることのないかぎりで「できるだけ偏差値の高い」高校、大学に入ろうとする。こうしていわゆる輪切りを支える一元的な希望が形づくられていく。

最後に、こういうなかで「生きる力」がどうイメージされるのかという点である。第一五期中教審の第一次答申（一九九六年）は「生きる力」をひどく強調した。学ぶことの意味を生きることにできるかぎり直接に接続させたいと考えてきた私たちからすれば、わが意を得たりと言いたいところだが、じつのところ私自身は、この「生きる力」という語のあまりの頻用に鼻白む思いであった。詳論はできないけれども、先の図の比喩を再び使って言えば、中教審の言う「生きる力」は図８の逆三角形のさらに延長上に、まさに宙に浮いたようなかたちで提起されているように見えるのである。いや少なくとも図７の基底に描いたような０次の生活を想定したものでないことだけは確かである。(*77)

評価の軸の回りで教育システムが閉じる。そのことによって学校の場が生活から離れ、あげくはすっかりそこから離陸してしまいかねない、そんな懸念を拭い切れないのである。この生活の意味をあらためて問い直す作業からはじめるのでなければ、真に学ぶことの意味を復権させることはできないのではないか、そう私自身は思っている。

評価はあくまで二次的なものでなければならない。ところがいまや、その二次的であるはずの評価が主軸になって学びを支配し、生活を左右して、その逆転の構図がそのまま私たちの慣性の流れをつくり出してしまっている。なるほどこの教育システム自体に私たちの多くが違和を感じてはいる。しかしその違和の感覚は、子どもたちのなかにも教師たちのなかにも、あちこち問題を噴出させながら、まだこの構図を再逆転するほどの力を得てはいない。

この教育評価論はおそらく一種の疎外論として位置づけられるべきものである。しかしこの議論はまだ端緒についたばかりである。(*78)

*77　ちなみに、ここ数年、認知能力に対して「非認知能力」の重要性を説く議論がさかんになっている。この議論は、認知能力がそれ自体で完結しないこと、その能力を働かせるにあたって、その認知能力の外の何かが必須の要件になっていることを主張するもので、それ自体は当然のことである。しかし、問題はこの非認知能力をも個体に具わった「個体能力」として、関係や状況を別にしてまるでそれ自体として取り出して論じることができるかのように、あるいはそれ自体として測定できるかのように想定されている点にある。かつて提唱されたここでの「生きる力」についても、私は同じ臭いを感じていた。

*78　インターネットが地球規模で広がり、生身の身体を超えた情報ネット空間が肥大化して、多くの人たち、多くの子どもたちの世界をおおうようになったいま、この「疎外」の問題、あるいは「疎外の個体発生」の問題は、これまでよりもはるかに切実度を増して私たちに迫っているように私には思える。

第5章　発達心理学研究は人間理解を放棄したのか

学会の外から見た学会の風景

十年一昔として、発達心理学会の設立は、もう二昔も前のことになる。(*79) 一昔も二昔もたてば、当然、世の中も変わるし、学会の動きも変わる。だからこそ、この間の発達心理学の動向を振り返って、いま私たちがどこにいるのかを確認してみたいと考えるのは、しごく当然のことかもしれない。ただ私自身は、発達心理学の内にいてその動向を追うような仕事をしてきた者ではない。学会に属して、そのなかで活動してきた人たちには、その流れがはっきりした輪郭をもって見えるのかもしれないが、学会にも属さず、その活動の外に身をおいてきた私には、少なくともその渦中からの風景は見えない。そういう位置にいる私が、この学会の二〇周年記念号に一筆書かせていただくのには少々抵抗もある。しかし、外野席から見たとき、発達心理学と現実世界とのかかわりがどのように見えているのか、その風景を語ってみるのもまた、グラウンドでプレーしている人たちにとって無意味ではないかもしれない。

そういう思いをこめて、ここでは、私自身の発達心理学とのかかわりも含めて、発達心理学の現在に関して私なりに気になっていることを二点、率直に書かせていただくことにする。

本章は、「発達心理学の制度化と人間の個体化」『発達心理学研究』(二〇巻一号、二〇〇九年)をもとに編み直したものである。

＊79　この一文を書いたのは、第Ⅱ部の冒頭でも触れたように、二〇〇九年のことである。そのころ私はまだ大学で発達心理学や子ども学の講義を担当していたが、翌二〇一〇年には定年で退職し、それからは私の仕事のほとんどは刑事裁判での供述鑑定に割かれることになる。その意味では、言わば「退役」直前の文章というふうになるのかもしれないが、私のなかにはそういう意識はほとんどなかった。

1　発達心理学の制度化

制度化ということ

気になる点の一つは、発達心理学会がいま大いに人気を博していることにかかわる。会員数が設立時の八〇〇人から、いまは四〇〇〇人と五倍にもなっているというのだから、大変な躍進ぶりで、学会としては結構なことなのだろうが、逆説的なことに、一方にはその隆盛のゆえの危うさがある。それが制度化の問題である。

「制度化」というのは、もともと科学史家の広重徹（注1）が「社会のなかの科学」を捉えるための鍵概念として提示したものである。広重によれば「科学も社会的に容認された組織体であり、それを維持する物質的基礎が社会にそなわっており、それを専門的にになう職業集団が存在しているという意味で、明らかに一つの制度である」という。広重がここで念頭においているのは自然科学なのだが、その自然科学において制度化が進行したのが一九世紀のこと。そして佐和隆光（注2）はこの概念を借りて、アメリカ合衆国で一〇万人近くのエコノミストたちが経済学を職業として生活している現実を取り上げて、「経済学の制度化」が進んでいることを示した。そして発達心理学についても、自然科学や経済学ほどではないにせよ、いま、その制度化の可能性と、同時にその危険性が相当にある。私自身、もう三〇年以上も前に、そのことに言及したことがある（注3）。(＊80) 当時に比べればずっと勢いを増した状況から見て、発達心理学におけるその制度化のレベルは格段に進んでいるものと考えてよい。

＊80　この議論は、同じく一九八三年に『児童心理』に連載した「人間理解と発達心理学」のその第一回と重なる。これについてはまとめなおして本書の第1章に掲載しているので、これを参照されたい。

科学が制度化するためには、まず学問として「専門化」して、一般の人々に認められ、「大衆化」されて、世間から役立つものと期待されていなければならない。発達心理学はいまやそうした位置を確保していると言ってよい。ただし役立つものとして期待されるというとき、具体的にどのような意味合いでどう役立つのかは単純ではない。たとえば発達心理学は、個々の子どもたちのよりよい育ちを願う人々から、その知見や技術が期待されている。じっさい、発達検査で知的発達の障害を見つけ出すことができれば、就学指導に役立つし、あるいは特別支援の手立てを考えるうえでも役立つと、多くの人から思われている。しかし、これによってそう診断された当人が別学体制を強いられる現実があるとすれば、その本人たちにとって、また家族にとって、はたしてこれが本当の意味で「役立つ」と言えるかどうか。これは簡単に答えられることでない。

ただ、誰にとってかはともかくとして、多くの人々によって役立つと思われているのは現実である。現に発達診断が一つの知見として、あるいは技術として使われ、乳幼児の健診体制や就学指導体制のなかに制度として組み込まれている。となると、良かれ悪しかれ、その知見を用い、技術を使うこと、あるいはその知見や技術を開発・蓄積するための基礎研究を行うことが、職業として期待され、そのための人材が養成されていく。現在、発達心理学会が軸の一つになって運営している臨床発達心理士の養成などもその一例と考えてよい。この「職業化」が科学の制度化には必須の要件である。(＊81)

注１　広重徹『科学の社会史』（中央公論新社、一九七三年）
注２　佐和隆光『経済学とは何だろうか』（岩波新書、一九八二年）
注３　浜田寿美男「発達心理学の位置」『発達』一三号（ミネルヴァ書房、一九八三年）

＊81　心理士の資格化問題については、26頁でも触れている。心理臨床にせよ、発達臨床にせよ、いまはそれが職業として成り立つだけのニードがあって、これが資格化するのは当然とも見える。しかし、その裏面で生じている害悪もある。これをどのように見ていくのかの課題も大きい。

さらには科学が専門性を有する職業となるためには、その専門性を誇りうるだけの確たる知識や研究法が標準教科書にまとめうるようなかたちで蓄積されていなければならない。これは言ってみれば「教科書化」である。そこにおいては、自然諸科学のように、知識や方法が「数量化」されて客観的なかたちで定式化されていることが望ましいということにもなる。発達心理学においては、自然科学や経済学のような数量化は進んでいないが、それでも諸能力、諸特性を数値化して表すことの威力は大きいし、数値化できるだけのマニュアル化が進行している現実もある。

そうして教科書化が進めば、あらたにこれを学ぼうとする人たちへの教育は一定のシラバスに基づいて規格化し、そこから研究者になろうとする人たちがその成果を発表していく学術論文のかたちも決まってくる。学術論文を掲載する雑誌はレフェリー制をとって、掲載に値するかどうかを厳格に審査し、審査を通過した論文の数が当の研究者の業績の尺度となる。当人が専門の研究職に就けるかどうかは、これでもって決せられることになる。学会は、多くのばあい、そうした論文発表、評価のシステムとして機能し、このサイクルに乗らない人々は、その輪からおのずと排除される(＊82)。

このようにして世間一般の期待のもとに専門化、職業化、教科書化、数量化が進んで、これが学会という輪で閉じる。この種の制度化が、発達心理学においてどこまで実現しているかは分からないが、少なくとも学会設立以前よりは設立時のほうが、また学会設立時よりは二〇年後、会員数がこれだけ膨らんだ現在のほうが、その制度化の水準を高めていることはまちがいない。科学が制度化し、社会システムとして根を下ろすことは、もちろん当の科学の進歩にとって必要なプロセスであるし、だからこそそのことが喜ばれてもいる。しかし一

＊82　私は学会誌の投稿論文について査読を求められて、これを引き受けたことが何回かある。自分が学会に入らないからといって、こうした査読制度そのものを拒絶するほどに私は潔癖ではない。ただ、当の投稿論文を読んで、匿名のままに一方的に審査することに気持ち悪さを感じてきた。論文の問題意識・方法・内容を評価するにせよ、批判するにせよ、表に顔を出して、投稿者としっかりコミュニケーションするのが筋ではないかという思いを禁じえない。しかし、見ず知らずの投稿者とそうしたコミュニケーションを行うこと自体が、いまの学会制度の下では容易でない。

方で、その背後には危険性もまた、それに比例して増大していることを見ておかなければならない。

制度化の閉じた輪

科学は問いにはじまる。そしてその問いを解くためにあれこれの方法を編み出し、前提となる事実を明らかにし、模索を繰り返して、一定の理論に達する。そこではあくまで最初の問いが思考を主導する。少なくとも理屈のうえではそうであるはずである。問いの立てよう次第で、その後の思考は大きく左右される。

しかし、いま研究者になろうとしている若い人たちにとって、現実には、研究のスタートとなるはずの問いが、ほとんど過去の先行研究の延長上を追ったり、既成の方法を適用できるテーマ探しからはじまる。もっとも標準的と思われている教科書から既成の理論を学び、既成の方法論を学び、実際に審査を通った過去の学会誌論文を読んで、ではこの理論でアプローチできるテーマは何か、この方法でやれる面白い問題はないか、などと考えてしまう。つまり解くべき問いが先にあるのではなく、むしろ理論や方法が先にあって、その後にそれに見合う問いが求められる。そうして制度の枠のなかで研究を進め、レフェリー制の学会誌に論文を投稿し、それが認められて業績となってはじめて、職業への足がかりを得ることになる。こうした制度化の輪が（あるいはひょっとして制度化の罠）が、若い研究者の周りにはりめぐらされている。

もっとも、幸か不幸か、発達心理学においては既成の理論や方法が、なお一つの教科書にまとめられるほどには標準化されていない。それだけに問いはまだしも多様で、その制度化の輪には、そこから抜け出すことの可能な穴があって、輪（罠）が閉じ切ってはいない。この制度化のほころびにこそ、まだしも救いがあると言えば、皮肉にすぎるだろうか。(＊83) ただ、それでもその輪の拘束力は相当のもので、そこから逃れるのは容易でない。

私自身は、発達心理学を看板にして職業を得ながら、その制度化の枠から距離をとって生きてきた。じっさい、発達心理学を自分の仕事としておきながら、当の学会には属さないできた。そのことは、一般には理解しがたいことかもしれないのだが、私のなかでは一つの必然でもあった。私が大学を卒業したのは一九六九年、大学闘争のただなかのことで、「大学とは何か」、「研究とは何か」、「学問とは何か」が激しく問われた時代だった。そのなかで既存の学会においても、学会の意味が問われ、学会粉砕などと叫ばれた。直接その運動に参加したわけではなかったのだが、「何のために研究するのか」という素朴な問いに囚われていた私は、運動の波が去ったあとも、おいそれと既成の学会に入ることはできなかった。それは、ほとんど成り行きのようなものでもあり、同時になけなしの意地でもあったのだが、ともあれ学会という大樹に身を寄せて研究者としての位置を確保しようという気持ちにはなれなかったのである。

それから二〇年たって、発達心理学会の立ち上げに際して、身近な友人たちから誘われはしたのだが、そこでも学会からは距離をとることを選んできた。すでに職を得て、それなりの表現の場もあり、議論の場もあったことで、学会活動にあらためて参加する積極的な理由がなかったからというのが、正直なところかもしれないのだが、それでも一応そうした位置を選んだことに、私なりの思いがあったこともまちがいない。結果として日本心理学会をはじめとする心理学の主要学会にはあえて入らないで、そのうえで心理学の領域での仕事を気

＊83　心理学は自然科学にならって「客観科学」であろうとしてきた歴史がある。しかし、一方で人間がその身体の位置から周囲世界を生きている、その現象を「心理」現象として考えないわけにはいかない。そこには「客観」科学のように数値化して法則性を見出すような方法ではやっていけない領域が膨大に広がっている。人がその内側から生きる心理現象を真摯に捉えようとすれば、「数量化」の及ばない世界を相手にしないわけにはいかない。その意味で、あえて「質的心理学」を説く人たちが出て、研究グループを形成するのはごく当然の成り行きであった。「質的心理学会」が学会として名乗りを上げたのは二〇〇四年のことで、私も入会の誘いを受け、このときは勤めていた大学で学生たちがこの学会に関与したこともあって、入会したが、退職後はなし崩し的に脱会することになった。私はその点でも厳格な原則主義者ではない。因みに、私はこのように主要学会には入会しなかったのだが、刑事裁判の供述鑑定の仕事が本格化して、若い世代でこれを担っていく人材の養成をしなけれ

ままにつづけてきた。もっとも敵対していたわけではないし、そのつもりもなかった。学会のシンポジウムに呼ばれれば出かけていって議論もするし、記念講演を引き受けたこともある。発達心理学会には、何やかやと縁があって、二〇回の大会のうちその半分以上は非会員として参加してきた。

しかし、制度の枠の外にあえて位置を構えたことで、アカデミズムの内部からは、制度上の反発があり、拒絶とも言える対応があったことも否定できない。非会員であるから学会から論文審査などでとやかく言われる機会はないのだが、大学の新学部設置などで文部省（文部科学省）から教員審査を受けなければならなかったり、あるいは大学院博士課程教員としての資格審査を受けなければならなかったりする。この審査で私は「マル合」が認められたことがない。秘密裏の審査であるからどのように判断されたのかは分からないのだが、制度的に見れば、私は大学院の博士課程で論文指導するには不適格だというわけである。制度化の外の人間はあくまでその外にいてもらわなければ困るということなのかもしれない。制度化の輪はこのようにして閉じるものらしい。

学会の外野席からグラウンドでのプレーを見ていて、まず目についてしまうのが、この制度化の風景である。それは学会である以上やむをえないものであると思いつつ、その輪を開くすべをつねに用意していかなければ、やはりそこには本来の意味での科学の根を掘り崩す危険を伴っていることを見ないわけにはいかない。

「はじまり」へのこだわり

思考は問いにはじまる。では、どのような問いからはじめればよいのか。また、いまの発

ばと思うようになって、二〇〇〇年に「法と心理学会」を立ち上げ、その理事長を二期六年務めた。その意味で私は原則主義からはほど遠いのだが、それでもいまもなお学会的活動には身が入らない。

達心理学は、どのような問いからはじまり、どのような問いに領導されているのか。

私が、いろいろな意味で波乱を含みながら大学院を出て、業績らしいものと言えばウェルナー&カプランの『シンボルの形成』の翻訳しかない状態で、どうにか大学にもぐりこむことができたのは、いま考えてみれば、時代のゆえでもあろうが、やはり稀有のことだった。その就職したばかりのころ、「発達心理学のはじまりについて」という文章を書いたことがある（注4）。それまでの波乱の余燼を引きずりながら、私は「はじまり」ということにひどくこだわっていた。

私はこの小文をこんなふうにはじめている。「私たちは、自らの生のはじまりを知らない。気がついたときは、もうすでにはじまっている。というより、本来、気がつくためにはすでにはじまっていることが必要なのである」。そう書いたうえで、この話を発達心理学という学問自体のはじまりに重ねて、次のように続けている。

> 発達心理学自身は、私たちの学的営為のはじまり以前に、既成のものとして存在している。ここでもやはり、私たちが気づいたときには、すでにはじまっているのである。はじまりの意識を持しつつ、はじまりを周到に準備することは難しい。私たちは発達心理学の何たるかを十分知ったうえで、慎重に出発点を選び、方向を見定め、営みをはじめたわけではない。それゆえ、私たちは、私たち自身のはじまりを、私たち以前のもの、あるいは私たち以外のものによって規定され、縛られている。ただ、そのように縛られていると感じることは少ない。おおくのばあい、私たちはこの外のものを自らに体し、それそのものの機能的な自律性（＊84）に身をまかせるのである。私たちの

＊84　「機能的自律性」というのは、G・W・オルポートがその人格心理学の基本概念の一つとして、動機の機能的自律性を説いたことにはじまる。その源はR・S・ウッドワースが「人間ははじめは先天的動機によってある行動をするが、後にはその手段であった行動または機構そのものが動機になって、行動を起こす」と論じたところにさかのぼる。分かりやすい一例を上げれば、コインを入れればバナナ片が出てくるという装置をチンパンジーに与えたとき、チンパンジーはコインを入れてバナナ片を手に入れて食べる行動を身につけるが、やがてこのコインを手に入れて手元に集めるという行動をはじめる。最初はバナナ片を手に入れて食欲を満たす手段でしかなかったコインがそれ自体で価値をもつものであるかのようになっていくのである。人間が貨幣を集め、これを大量に蓄えようとする行動は、まさに「金を稼ぐ」ことが機能的な自律性を得たものと言うしかない。私が心理学を学びはじめた二〇歳前後のころ、私はこの概念にひどくこだわっていたことを思い出す。しかし、いまはこの概念の意味を説く心理学研究者はほ

経済活動のなかから生まれ、そこで一つの自律的機能を獲得した貨幣それ自体のために、ひとびとが身を粉にして働くのと同じように、私たちの生の営みから生まれながらも、そこから自律した既成の学問研究それ自身のために、研究者たちは自らを捧げる。知恵の輪に空しく何時間も熱中できるように、知的作業には、なにかわからぬそれ自体の快楽がつきまとうのである。

知的興味に引きずられて研究が自己運動する。大学という制度のもとで展開する学は、制度化を云々する以前のところで、おのずとそのようになってしまうものらしい。そうしたありさまに、私はやはり強い違和感を抱いた。ちょうどピアジェの『知能の誕生』の翻訳を刊行したばかりで、当時はピアジェが発達心理学の巨人として、発達研究の中心に位置していた。私自身、翻訳の作業の過程で、その執拗な理論化に圧倒されながらも、他方でそこに見えるピアジェの人間観にはついていけない思いが強く、ここを出発点にして、これを引き継いでいく気分にはなれなかった。右の文章は次のように続いている。

しかしそれでも、無方向な知的好奇心に身をまかせ、既成の学にそって歩みはじめてしばらくすると、私たちは、妙にそぐわない違和感におそわれはじめる。それは、おそらく、学という営みが単に迂遠だからではなく、むしろそれが自らの生への緊張感を失って、そこから解離してしまうからであろう。ここで私たちは、自分たちのは

注4　岡本夏木・野村庄吾（編）『育つことのうちそと』（ミネルヴァ書房、一九七九年）

とんどいないように見える。平凡社の『心理学事典』を見ると、その初版（一九五七年）、新版（一九八一年）には独自項目として上げられているが、最新版（二〇一三年）にはインデックスにすら出てこない。心理学の世界は、案外、はやりすたりが激しい。

じまりに気がかりを覚えはじめ、ときにこの想念が強迫観念のようにつきまとうことすらある。私たちはいったい、どこから、どうはじめたのか、そしていま、どこにいるのか、と。

生硬な文体で、いかにも大仰に語っていて、いま読むと気恥ずかしいかぎりだが、この気分だけはいまも変わらない。それから三〇年をへて還暦をすでに越えたいまでも、どこからどうはじめればいいのかと考えると、分からなくなってしまう。

現実が突きつけてくる問題

しかし、そうして考え込んでいる私に、外の現実世界から生の問題を突きつけられることになったのが、本書の「間奏」で紹介した甲山事件との出会いだった。それはちょうど右の一文を書いたころのことである。

この事件の裁判では、知的障害をもつ子どもたちの目撃供述の信用性が最大の争点となった。この問題は法の専門家である弁護団だけで対応できるものではない。少なくとも知的障害について、またその子どもたちの言葉について、それなりの専門性をもった者の協力を得なければならない。そうしてたまたま発達心理学をやっているというだけの理由で私が弁護団からの協力要請を受けることになったのだが、私の方でこの問題に対処できるだけの知識をもち合わせていたわけではない。知的障害の子どもの目撃供述を扱った文献など、どこを探しても見当たらなかったし、その領域で研究している人も皆無という状況だった。それでもとにかく引き受けたのは、そこに解かなければならない問題があったからである。

心理学が関与する以外にない問題がまずある。しかし、それにぴったり合うような理論や方法があるわけではない。それでもこの問題に取り組むのは心理学以外にはない。こうした状況におかれたとき、とにかく引き受けてみるのが筋というものだと、いまの私なら思う。ただ当時は、そこまではっきり思っていたわけではなく、巻き込まれるようにして裁判の世界に足を踏み入れ、供述という言葉の迷宮に迷い込むことになった。迷い込んでみると、そこは予想を超える泥沼の世界。ずぶずぶと入り込んで、三〇年がたったいまでもなお抜けられないでいる。(＊85)

甲山裁判では、先に見たように、検察側も発達心理学や児童精神医学の専門家たちに、目撃証人となった子どもたちの精神鑑定を依頼していた。依頼を受けた彼らは、種々の知能検査や心理検査を駆使して、子どもたちの能力・特性を明らかにし、ピアジェの発達段階論までもち出して、その目撃供述は信用性があるとした。その鑑定書をはじめて読んだとき、正直言って私は、「発達心理学の研究者」、「発達心理学の実務家」というのはこの程度のものかと、その杜撰さにあきれ、やがて心底腹が立ってきたことをいまでも思い出す。その鑑定は、たしかに与えられた問題に対して、専門家としてもちえた理論、方法を最大限に適用したものだったと言えなくはない。しかし問題の大きさに比して、発達心理学の理論と方法があまりに小さい。そのことを知ってか知らずか、鑑定人たちは手持ちの理論と方法に合わせて、問題のほうを切りそろえてしまったのである。

詳細はその鑑定意見をまとめた『証言台の子どもたち』（注5）を見てもらいたいのだが、

注5　浜田寿美男『証言台の子どもたち』（日本評論社、一九八六年）

＊85　たしかに「泥沼」なのだが、無実の人がそこに間違って引き入れられてもがいているとすれば、手を差し伸べずにはおれない。そのとき私たちが迫られている問いは明確である。たとえば、その人が被疑者として取り調べられて自白したとすれば、その自白は虚偽の自白以外のものではない。とすれば、無実の人がどうしてそのような虚偽自白に落ちるのかが問題になるし、そうして語られた自白を分析して、そこからその虚偽性を証明する手がかりを得ることができるかどうかが問題になる。この「明確な問い」にどうして心理学の研究者がこれまで取り組むことがなかったのか、疑問に思えてくる。私自身、この問いに長らく取り組んで、それなりの成果を得てきたと思っている。しかし、これによって裁判所の判断が簡単には変わらない。それゆえに私はいまもなお「泥沼」気分に囚われたままでいる。

簡単にまとめて言えば、子どもたちがテストの場面でどのような能力・特性を示したかはともかく、問題はそのような能力・特性をもった子どもたちが、甲山学園という施設でどのように生活し、この甲山事件をどのように生き、捜査官の事情聴取でどのようなやりとりを繰り返し、そして法廷にどのようにして臨んだのかという、まさに子どもたちの生活の現実にあったはずである。にもかかわらず彼らは、この現実を正面から取り上げることなく、テスト場面での能力・特性だけで問題を判断し予測できるかのように考えたのである。端的に言い直せば、テスト場面で子どもたちがどのような能力・特性を示したかということと、その能力・特性をもった子どもたちがどのような生活世界を生きてきたかということとのあいだには、大きなギャップがあって、それを無視することはおよそできないはずなのに、彼らは大胆にもこれを無視して平然としていた。制度化されて閉じた輪のなかでは、こうした愚かな過ちすら許されてしまうのかもしれないと思うと、恐怖すらおぼえる。

思考は問いからはじまるということは、問いからスタートして、それに見合った理論と方法をいかにして導き出すかということである。逆に手持ちの理論と方法からスタートして、それでもって現実の問題を切りそろえるようなことがあってはならない。子どもたちが生きる生活世界の背後には、それを包む社会状況があり、周囲の人々と個々に取り結ぶ関係の力動がある。そうした状況—関係のさまざまなありようのなかで、多様な能力・特性をもった子どもたちがそれぞれにその生活世界をつくり出し、そこで生きているのである。そこでの問題を個体としての子どもの能力・特性に還元して考えることがいかに危険であるのかを、私は甲山事件を通して痛感させられた(*86)。

そしてこの問題はいまもほとんどクリアされていないように思える。気になることの第二

＊86　甲山裁判での私の仕事はその第一審判決に受け入れられ、その判決内容にも組み入れられている。しかし、その第一審の無罪判決が確定するのは一九九九年であるから、事件発生時点から数えて二五年、裁判がはじまった時点から数えても二一年である。この現実を見ただけでも、わが国の刑事裁判がどれほど「泥沼」状態にあるかが分かる。

は、この点にかかわってくる。

2　個体能力論の壁

個体能力論のはびこる現実

発達心理学では、かつてに比べれば子どもたちの生きている現実に目を向けたフィールド研究が増えてきている。しかし、これが発達心理学のパラダイムを動かすまでにはいたっていないように見える。少なくとも発達心理学が子どもたちの現実と接する場面では、その大勢において、やはり個々の子どもの能力・特性とその発達を論じるところに集約されがちで、その能力・特性でもって子どもたちがどのような生活世界を生きているのかというところにまで論が十分およんでいない。とりわけ発達障害の問題が社会的に大きく取り上げられ、特別支援教育体制がスタートしたなかにあって、その理論的な基礎であるはずの発達心理学が、結局のところ個々の子どもの能力・特性とその発達に限定したところでしか議論を展開しえていない。そのことに私はもどかしさを禁じえない。

個体の能力・特性を単位に発達を考え、人々の現象を個体の能力・特性に還元して説明しようとするパラダイムを、私は個体能力論と名づけてきた。それは単に理論のレベルの話ではなく、むしろ人々の生活のなかに深く根を下ろしている現実そのものでもある。それゆえその生活の現実に理論のメスを入れないかぎり、発達論は結局この個体能力論に絡め取られていくしかない。

産業革命によって、人々が各自の労働力を商品として売って生活の糧を得るという賃労働形態が経済の主軸を担いはじめてから、すでに一〇〇年、あるいは二〇〇年がたつ(*87)。世界のほとんどの地域で、いまや貨幣制度が人々の生活をくまなく覆い、あらゆるものが商品として貨幣で売買される状況になっている。その結果、労働が個人単位の賃金に換算され、商品の所有や消費も個人単位で営まれ、そこに生活のあらゆる局面での個人化が進行していく。もちろん、そのなかにあっても人間の本源的共同性が断たれることはなく、家族はなおどうにか維持され、身近な人々との共同的なあり方が人々の生活を支えている。その意味で根元の部分は変わらないかもしれない。しかし、やはり個人を単位とする営みが、かつてに比べて圧倒的な重みをもつようになっている現実に目をつむることはできない。

人が労働の代価として受け取る賃金・給与が個人を単位に与えられるのと同じように、子どもたちが学校でその知識・能力の指標として与えられる成績もまた、個人が単位の評価でしかない。あるいはスポーツでチームワークの重要性がいかに高く評価されても、マスコミで評判を得るのは個人の能力であり、誰もがその個人としての能力の高さ、それを生み出した個人の努力に感動する。働く場でも、学ぶ場でも、あるいはスポーツや娯楽の場でも、個人単位の評価が大きくその座を占める。こうしたなかにあって人々の「生きるかたち」は、おのずと個体の能力・特性を単位に考える方向に流されている。それがいまという時代である。

発達心理学がここ数十年で飛躍的に隆盛を誇るようになったのも、じつのところ、社会思想のレベルでこの個体能力論パラダイムが浸透してきたことの表れかもしれない。じっさい、私たちがどれほど理論的に人間の本源的な共同性を強調しても、「発達」という概念そのものが、その根に個体能力論のパラダイムを引きずっている。

＊87　一〇〇年とか二〇〇年とか非常に大雑把な言い方をしているが、そもそも厳格な定義は難しい。イギリスの産業革命は一八世紀半ばにはじまり、わが国では一九世紀の末ごろにはじまると言われるが、賃労働形態の経済がほとんどの人をおおうようになるまでには、欧米諸国でも相当の時間を要しているし、わが国でもそれは一九六〇年代の高度経済成長期以降のことである。あるいは同じ日本の国でも、私のように瀬戸内海の小さな島に生まれ育った者からすれば、市場経済の波が生活の隅々まで行きわたって、「お金を稼ぐ」ことなしには日々の生活が成り立たないと感じるようになったのは、ここ四、五〇年であるように思う。

こうした議論をすると、それは社会思想史の問題ではあっても、発達心理学の問題ではないという反論が返ってくるかもしれない。しかし、あえて発達心理学のなかにこの議論を組み込むことなしには、おそらく発達心理学がこのパラダイムを超えることはない。

「発達障害」は個体能力論に閉じる

発達心理学会の活動の延長上で臨床発達心理士資格が制度化したのは、子どもの「発達」に関心を寄せ、そこに問題を抱えた人たちへのケアを考えようとする社会の要請に応えてのことではある。しかしその社会的要請の社会思想史的な意味を考えたとき、ただその方向での制度化をひたすら推進し、その実質化をはかればよいというわけにはいかない。「発達障害」を例に考えてみる。

いま「発達障害」として問題視されているのは、対人コミュニケーションの問題などをかかえた広汎性発達障害やそのスペクトラムが中心だが、発達上になんらかの障害をもったものという意味で言えば、それらは発達障害のほんの一部であって、本来ならば姿勢運動機能に発達の障害を持つ脳性まひなども、その代表例の一つに含まれてしかるべきである。現に一九六〇年代、一九七〇年代には脳性まひが発達・療育の中心問題で、そこでも障害の早期発見、早期治療が叫ばれていた。これをいまの発達障害、とりわけ軽度発達障害のばあいと比べると、そこには微妙に重なるところ、食いちがうところがある。

姿勢運動機能の障害のばあいは、まさに身体機能の問題として、身体に向けての訓練・療育法をいかに効果的に進めるかというかたちで、個体レベルで閉じる。もちろんいかなる姿勢運動も他者との関係のなかで展開されるものであるから、これを個体レベルでのみ考えてよいわけではないのだが、それでもこの訓練・療育が個人の身体に焦点化するのはそれなりに理由がある。それに対していま「発達障害」と呼ばれているものの多くは、対人関係、あるいは集団行動に表れてくる問題で、そもそも個体レベルで閉じるものではない。にもかかわらず、これを対象にした支援の多くが、同じように個人に向けての訓練・療育に終始して、問題が個人化されている。

両者を比べてもう一点注目されるのは、障害を「治す」という発想にかかわる点である。脳性まひについても早期発見・早期治療ということで、その根元にはもちろん「治す」という発想がある。(*88) しかし、実際の療育の現場では、これが病気が治るように治るものではないという現実を突きつけられる。それゆえ結局は、抱えた障害部分をうまく組み込んで、その子なりに安定した姿勢・運動のかたちをつくっていくしかないというところに行き着く。つまり「治す」という発想をどこかで断念して、どうにもしようがない部分は引き受け、そこからその人らしい動きのかたちをどうつくるかというところに帰着する。

ところが、いまの発達障害のばあい、軽度であればあるほど「治す」というところに執着しがちである。じっさい、治せるとか、あるいは少なくとも軽くできるとかという思いが強いからこそ、専門的な療育への期待は大きくなり、「発達障害バブル」と言われるような事態が生じてくる。また発達障害の診断をもらって、専門家のもとで療育したら、一年、二年してすっかり変わった、伸びたという治療教育の成果もたくさん報告されてくる。しかし考えてみれば、幼少期の子どもが一年、二年たって伸びていないことのほうがおかしいわけで、ことさら伸びの部分を取り出して、専門的な療育の成果だというのは、言ってみればマッチ・ポンプである。自分からマッチをすって火をつけておいて、後からポンプを持ってきて

＊88　障害を個人のものとして位置づけ、それを「治す」という発想に立つのは、医療の世界で個人の治療を目指すというのと同じで、「医療モデル」と呼ばれる。それに対して、障害を「この社会で生きるうえでぶつかる障壁」と捉えれば、障害は単に個人のものではなく、その人が生きる社会環境の側をも問題にしなければならない。その意味でこれを障害の「社会モデル」と呼ぶ。自閉症児・者が生きやすい地域社会をつくるという発想ではじまったTEACCH PROGRAMなどは、もともとこの「社会モデル」に立つものであったが、これがわが国に導入されたときには、当人を囲む時間的・空間的環境を構造化して、混乱要因をできるだけ小さくするという技法のみが前面に出て、これによって逆に周囲の人々との日常的な関係が断たれてしまう危険性を引き込んでしまった。これではおよそ「社会モデル」の理念が実現したとは言い難い。

水をかけ、消えた消えたと成果を誇るようなもの。だけど、マッチをすらなければ火もつかなかったはずだし、火がついたように見えたとしても、そのままそっとして火が自然に消えることもあったはず。少なくともそう言ってよい子どもたちがたくさんいる。

もちろん目の前に、ほんとうにしんどい人がいて、悩んでいれば、何とか楽に生きる手立てを一緒に考えることが必要であろう。発達上のつまずきがあって、周囲とうまくいかない子どもがいれば、その子どもの状態に合わせて、生きやすい状況をつくるのも当然である。しかし、その問題の解決を、もっぱら子ども自身の力の伸びや発達に集約して考えるというのは、やはりどこかおかしい。ところが現実に、発達の専門家に求められ、また発達の専門家が応えるのは、この個体能力の部分なのである。

社会的関係の相互性

たとえば対人関係の苦手な子どもに対しては、社会的スキルを訓練する種々の訓練法が開発される。もちろんその訓練でスキルが伸びて、それでもってその子が生きやすくなるのならば、それは結構なことなのだが、現実にはそこにやはり限度がある。ところが、その現実を踏まえずに、とにかく本人のスキルを伸ばすのがすべてであるかのように考える専門家たちが少なくない。その結果、社会的スキルを育てるという名目で、子どもを別室に取り出し、逆に周囲の人たちとの日々の自然な社会的関係を奪ってしまうという皮肉な光景を現出させてしまう。発達障害への支援は、このようにしばしば個人の能力を高める方向でしかなされず、個体能力論のなかに閉じてしまう。

個人が変わることで、周囲との関係が生きやすくなるということがあるのならば、それはそれでやればよい。しかし一方で、個人が変わることがいかに難しいかを、私たちはよく知っている。人間の能力や性分のほとんどは、個人の努力で何とかなるものではない。ならば、その能力も性分もそのままで、とにかく周囲と関係をもち、集団のなかを生きて、そのなかで起こった問題にそのときそのとき応じていく。人の関係とか集団というのは、もともとそういうものではないだろうか。

一九六〇年代に自閉症の子どもを育てた母親からこんなエピソードを聞いたことがある。重い自閉症があったにもかかわらず、この子どもは普通学級に通い、周囲の子どもたちに混じって小学校生活を送った。当然、子どもたちのなかでいろんな問題が起こるのだが、それはそれで受け入れて、その子とのかかわりを楽しむ子どもたちも出てくる。小学校1年のあるとき、その子がクラスの女の子を噛んで、それを母親が見ていたものだから、つい「噛んじゃだめでしょ」と怒ったことがあった。ところが噛まれた女の子は「おばちゃん、怒らないで。噛むのはこの子の言葉なんだから」と母親を止めたという。それはまさに驚くべきことだが、この女の子は、もちろん自閉症という障害を知って、これを理解していたわけではない。しかし世間では訳の分からない奇妙な子どもと思われているこの子どもに対して、日々の暮らしのなかで、自分なりの理解をし、ちゃんと振る舞い方を身につけていた。あえてソーシャル・スキルという言葉を使うとすれば、この女の子は自閉症の子どもに対して、見事なほどのソーシャル・スキルを身につけ、これを日常の場面のなかで発揮したということになる。

この例を裏返して見れば、ソーシャル・スキルに欠けて見える子どもを「発達障害」として個々に取り出し、そのスキルを身につけさせようという支援は、周囲の子どもたちから、このソーシャル・スキルの乏しいちょっと変わった子どもたちと付き合う場を奪い、その子たち自身のソーシャル・スキルの幅を狭めることにもなる。つまり、奇妙な言い方だが「ソーシャル・スキルの乏しい相手と付き合うソーシャル・スキル」を、周囲の子どもたちがどんどん失っていく。いや子どもたちばかりではない、教師も親も近隣の人たちも、ちょっとややこしい子どもたちと付き合うすべを失っていく(＊89)。

ソーシャル・スキルとは、当然ながら、相互的なものである。個々の子どもたちの「発達」を保障しようとしてはじまった特別支援教育は、このごく単純な事実を見落としてはこなかったか。

発達心理学は思想と無縁でありうるのか

特別支援教育は、本来多様な個性をもつ子どもたちがともに生きていくインクルージョンを理念として掲げてはじまった。ところが現実には、個々の子どもに応じた専門的かかわりを保障するという名目のもと、障害をもつ子どもたちともたない子どもたちとの別学体制をかえって強化する結果となっている。

いまの社会では、個人が剝き出しにされて、個人としての能力の多寡、特性の評価次第で、その個人の経済生活が左右される。だからこそ、人々は能力を高め、特性を磨き、生き残りをかけて競う。しかし、そうしたあり方が生み出す暮らしのゆがみに、私たちはいま深く侵されている。特別支援教育もまた、どれほどの善意で進められたとしても、この延長上にあることに変わりはない。発達心理学がこうした現実の状況に対してどういう位置をとりうるかは、単なる応用領域の問題ではなく、その科学としての本質にかかわるものではないかと、

＊89　この議論は次の第6章でふたたび取り上げることになるが、問題の根はじつに深い。問題を抱えた「ちょっとややこしい子ども」とか、「ちょっとややこしいおとな」とか、少々差別的に聞こえる表現をしているが、それが表に出るかどうかはともかく、誰だって自分のなかに「相当ややこしいところ」を抱えている。その「ややこしい」ところを避けては、そもそも生きていけないと言っても過言ではない。その「ややこしさ」を表向き回避しようとする発想が「障害児」の別学思想の根底にはあるように思う。人は自分では左右できないさまざまな条件を背負って生きているのであって、そのことから目をつむることで、かえって自分自身を生きづらくしているのではないか。

私は考えている。

発達心理学が対象とする問題は、ほんらい、単に個人の能力や特性の多寡や特異性、あるいはその背後のメカニズムだけではなく、その人がその能力・特性を用いてどういう状況を生きているのか、あるいは生きさせられているのかという、その生活世界のありようにある。この視点を放棄したまま今日の個体能力主義に乗っかって見かけの繁栄をつづけるのか、それともこれを超えた生活のかたちを模索して、そこへの展開を目指す新たな科学になりうるのか。大仰にすぎるように思われるかもしれないが、私たちはこの岐路に立っていると認識すべきであろう。

発達心理学のあれこれの議論を外野席から眺めていて、ときに新たな展開を切り拓きうる視点が登場しつつある予感をおぼえることがある。一方で、これがおよそ大勢に食い込み、これを動かすまでにはいたっていない現実を、しばしば突きつけられる。

もちろん発達心理学の世界でも、特別支援教育などの現実問題は科学の外のこととして打ちやってよい、という考えがはびこっているわけではない。むしろその問題の必然性を認識しているからこそ、臨床発達心理士の資格化がはかられ、その普及に力を注いでいるのであろう。しかし、このことがかえって、現実の問題に乗っかってその問題性を相乗させる結果につながっていないかどうか。

家のなかではこれという問題もなかった子どもたちが、保育所や幼稚園、学校の集団の場面におかれて、そこになじめなかったり、振る舞いに混乱が見られたりすると、親や保育士・教師たちは、これが気になって「この子自身にどこか問題があるのではないか」と考えてしまう。そして現にあれこれの診断名が一般の人々のなかにも流布している。問題をそのようにして個人の能力・特性に還元する仕掛けが、この社会のなかに位置づいているのである。そこに臨床発達心理士が「発達の専門家」として登場したとき、親がなんとかすがろうとするだけでなく、保育士・教師たちもまた、自分たちにはない「専門性」をそこに求める。あるいは親から、いろんな子どもたちがいるこの普通学級の場でなんとか見てほしいと言われても、教師が「私たちは専門家ではありませんから」と、体よく断るようなことも少なくない。一方で、専門家の方でもこれに応えて、自らの「専門性」を発揮しようと、張り切って、個人の能力・特性の部分をいじり、なんとか問題を解決しようと努力する。そして、そこでうまくいかなければ、さらに専門的な特別な場を用意して、特別なメニューを勧めたりもする。

その結果であろう。インクルージョンの理念のもと特別支援教育制度がはじまったのと前後して、特別支援学級の子どもたちの数がどんどんと増え、特別支援学校は定員を大幅に超過して、新たな学校づくりが推進されている。そうした現実に発達心理学がきちんとメスを入れることができるかどうか。それともそうした時勢に乗っかって、発達心理学の制度化の枠をさらに強固に築こうとするのか。それはほとんど思想の問題と言ってもよい。発達心理学がその思想と切り離されてあるなどと、私には考えることができない(＊90)。

精神間機能から精神内機能へ

このように考えてきたとき、私が思い浮かべるのがヴィゴツキーの「精神間機能から精神内機能へ」というテーゼである(注6)。教科書的な知識では、人どうしが言葉を交わしてコミュニケーションするその外言(精神間機能)が、やがては自分の内側でめぐらす内言とし

＊90　学校が子どもたちにとって「生活の場」であったとすれば、そこで少々生きづらい子どもがいるからと言って、その子をその場から排除したりはしない。たとえば、子どもが生まれ育つ家庭は文字通りの「生活の場」であって、その家庭に重度の障害の子どもが生まれたとき、その子をその生活の場から外へと追い出したりはしない。ところが、学校の場では、逆に、いまちょっとした生きづらさをもつ子どもたちを、別学体制の下で特別支援学級や特別支援学校に送り出してしまう。そうして専門の名の下に「特別支援」を施そうとする制度が出来上がっているということは、学校が子どもたちにとっての「生活の場」であるという感覚を多くの人たちが失ってきているということでもある。

て思考世界（精神内機能）を担うようになるというような例があげられるのだが、個体能力論の席巻するこの社会では、このテーゼすら個体能力推進の手立てとして理解されかねない。つまり精神内機能を一つの個体能力と捉えて、それを伸ばすためにはどのような精神間機能を保障すればよいのかというたぐいの理解がはびこっていたりする。しかし、このテーゼの示唆するところは、それとは逆のところにある。

ヴィゴツキーにとって心理学の最大の課題は人間の「意識」というところにあった。そしてこの意識（つまり精神内機能）を形成の視点のもとに捉えようとする。つまり意識を個体のなかに閉じた現象として捉えるのではなく、人どうしの共同的な営みの歴史的所産として捉えるというのが、ヴィゴツキーにとっては重要な着眼点だったと言ってよい。言い古されたマルクスの言葉を借りれば、「存在が意識を決定する」のであって、「意識が存在を決定する」のではない。つまり人が人とともに存在するありようが人の意識のありようを決定するのであって、その逆ではない[*91]。

さきのソーシャル・スキルの話をここに重ねて言えば、ソーシャル・スキルは単に個人の能力としてそれ自体のなかで発達するようなものではない。人々が具体的な状況、具体的な関係のなかで相互に生きあう。そのなかでまずは精神どうしの関係のかたちとして形成されたものが、やがては個々の人々の関係の取り方として身体のうちに根を下ろす。そうだとすれば、問題は、人々が共同で存在しあうかたちをどうつくるかにあるのであって、個々の子どもたちに関係のかたちを能力・特性として教え込んでから、具体的な関係を円滑にしようなどというのは、およそ逆立ちした発想だということに気づく。それにしてもなぜこのような錯覚がはびこるようなことになったのか。

＊91　人の生活のありよう（存在）が人の思想のありよう（意識）を決定するというマルクスのテーゼは、いまのこの世のなかでも十分に通用する。しかし、この生活のありよう（存在）を変革することは容易でない。それはマルクス以降の社会変革の歴史が如実に示している。そのことを知ったうえで、しかし、心理学を論じるときには、その背後にある人々の生活のありようを問う姿勢はやはり堅持しておかなければならない。

意識の問題を問うためには、存在のありようを問わなければならない。つまり精神内機能のありようを問うためには、精神間機能のありようを問わなければならない。しかし、そうして人間存在のありよう、あるいは精神間機能のありようを問うという視点が、はたしてしっかり発達心理学のなかに根を下ろしているかどうか。むしろ精神内機能に直接迫ろうとするあまり、精神間機能のありように目を向けきれていないのではないか。

いま人々が生きている生活のかたちは、現実の生活関係の大半において、個体単位を軸に展開し、それがゆえに意識の個体化が前面に出てしまう。また意識において個体化が表に立つがゆえに、現実の生活関係が個体を軸に切り盛りされる。このように存在のありようと意識のありようとのあいだには循環がある。発達心理学がこの循環の過程に乗っかって、そこを回りつづけるだけなのか、それともそこで立ち止まってパラダイムを変換すべく、その過程に何らかの楔を打ち込むことができるのか。

発達心理学という学が、先に述べたその制度化の輪のなかにとどまっているかぎりは、おそらくこの循環から抜け出すことはできない。そこをどのように突破できるのか、新しい力に期待したい。

学会の外部に身をおいた私から見たこのような風景が、グラウンドでプレーをしている人たちにどのように映るのかはよく分からない。ただ発達心理学の看板を下ろすことなくそれなりに現実と付き合ってきた者として言いたいのは、発達心理学は発達心理学で閉じるもの

注6　ヴィゴツキー（柴田義松訳）『精神発達の理論』（明治図書、一九七〇年）

でないこと、まして学会は学会で閉じるものではないこと、そして現実世界から突きつけられる問いに向かうとき、手持ちの理論と方法で問いを切りそろえるのではなく、問いの大きさをそのままに押さえて、それを解く理論と方法はその現実そのものから模索せざるをえないこと、その大前提としてまずは現実との接点がもつ緊張感を味わってほしいこと。そういうことになるだろうか。

すべての問いは現実からはじまり、現実にかえる。たしかに科学の自律性は現実の直接的な関心事からある程度独立したところで成り立つ。そのことを認識しつつも、一方で人はみなこの現実のなかで生きているということこそが、つねに仕事の原点となる。人はみな現実をそれぞれの「渦中」から生きる。その人間の現象を「発達」の目で捉えようとするとき、この「渦中」の視点だけは手放してはならない。

第6章　発達障害を考える――「発達」をめぐる誤解と混乱

「発達、発達」と叫ぶこの時代

「発達」という概念は、人間のことを「人間」と呼ぶのと同じくらい、いまや誰にとっても自明の、ごく当たり前のものだと思われている。じっさい、人はみな無力な赤ちゃんとしてこの世に生まれ、二〇年ほどの年月を経て子どもから青年になり、おとなになる道をたどっていく。この歩みを「発達」というのなら、それは人によって遅速はあれ、誰にも必ず見られる現象であって、これを抜きには人間の問題を論じられない。

この発達は、じつのところ、人為では簡単に変えられない。つまり、人為を超える自然の現象であって、いまもなお謎に包まれている。とりわけ、ここ二、三〇年の脳科学の進展は大きく、心理学研究のうえでも脳科学との連動が強く期待されているし、研究者たちの目から見れば、そこには追求すべき未知の領域が膨大に広がっている。その意味で、アカデミズムの心理学において、脳科学との連携を含め、「発達」の研究が大きな位置を占めるのは当然のことかもしれない。

一方で、研究のレベルとは別に、近ごろは世間でもしきりと「発達」が人々の話題になる。保育の現場でも教育の現場でも、そして親たちの会話のなかでも、多分に適応的な意味合いを含んで「発達」が語られ、「発達障害」が語られる。(*92) それに最近では、成人になった以降に

本章は、「「発達」の誤解⁉」」『精神療法』（三九巻三号、二〇一三年）および「「発達障害」はどこから来たのか」『そだちの科学』（三三号、二〇一九年）をもとに編み直したものである。

＊92　最近ではこれを発達の「障害」と言うより、むしろ「定型発達」に対置して「非定型発達」とする考え方が見られるようになっている。その背後には、彼らの生きづらさ（障害）が個人の「発達障害」によるのではなく、むしろ逆に彼らと周囲の社会との関係のありようによるものだとの考え方がある。じつを言えば、かつて「非定型」という用語が使われたのは、早期幼児自閉症などについて「定型」的な症状のある人たちとの対比で、それらの症状の一部しかない、あるいはちょっと異なる様相の症状があるとの判断で「非定型」の自閉症という言い方がなされていたのだが、一九九〇年代になって自閉症との診断を受けた当事者の運動のなかで、とくに発達上の問題をもたない「健常」の人たちは「定型」発達をたどっているのに対して、自分たち

ついても「おとなの発達障害」がさかんに言われるようになって、個々の対応策があれこれと論じられたりする。そして「発達障害」はその原因が脳レベルの器質的・機能的障害にあると言われて、問題がすべて脳のレベルに集約されてしまうかのような短絡した議論もはびこっている。

この世間での「発達」ばやり、「脳」ばやりは、いったい何だろうか。そのことの意味をここであらためて考える必要がある。

1　時代の変化と発達

「育ち」と「発達」

人は、どの時代においても、赤ちゃんとしてこの世の中に生み出され、そこで育って、やがておとなになっていく。このことを私たちは日常の言葉で「育ち」として語ってきたが、いまはこれを心理学の用語に置き直して「発達」として語ることが多い。しかし、「育ち」と「発達」はそのまま等置できない。じっさい、「子どもの育ち」を「子どもの発達」と言い換えてみると、そのとたんに、少なくとも私のなかでは、どうもどこか違うという感覚がつきまとう。

あるいは、「発達障害」を「育ちの障害」と言い換えてみると、私にはまるで違って感じられる。もちろん、そもそも「育ちの障害」などという用語を使う人はいないし、「発達障害」もいまでは主として対人関係能力にかかわる障害に特定して使われているのであるから、両者を並べてそこに違いがあると言っても、それは当然のことかもしれない。しかし、そのう

は「非定型」の発達過程をたどっているだけであって、「障害」者などと言われる筋合いはないと主張するようになったという歴史的な経緯がある。

えで、それだけではない何か根本的な食い違いがそこにはあるように見える。

背景には、やはり時代の変化がある。この数十年のあいだに時代は大きく変わった。この変化を反映して、発達心理学の世界では、個体としての能力に焦点を当てて、それ自体の発達を見ようとする「発達」観が定着している。当初は、いわゆる学力などにつながる「知的能力」や「認知能力」が重視されていたが、いまではやる気や意欲、あるいは社会性につながる力をも「非認知能力」として取り出し、これを強調する動きが目立つ。いずれにしても、子どもの「育ち」のほとんどが、その個体としての能力の「発達」に還元されて、結果として、素朴な意味での「子どもの育ち」のイメージが見失われてしまったように見える。

振り返ってみれば、私が子どもだった一九五〇年から六〇年には、子どもの「育ち」の過程のなかから、個体としての能力部分を取り出してその「発達」を語ったり、そこでのつまずきを「発達の障害」として意識するようなことは、一部の研究者をのぞけば、まずなかった。もちろん当時の子どもも、個体の能力を伸ばしておとなになっていったことに変わりはないが、そこで意識されていたのは、子どもたちがそのときそのときの力を使って、それぞれの地域で暮らしながら、異年齢の子どもどうしで関係の世界をつくり、あるいは家のなかで他の家族成員とともに共同生活の一翼を担いながら生きていく、その姿だったように思う。個体としての子どもの「能力の育ち」より、子どもがそのときそのときの力を使って、群れのなかで、あるいは家族のなかでその一員として生きる、その生活世界のありようが「子どもの育ち」として前面に見えていた。

第一次産業が就業人口のほぼ四割を占めていたその時代、田舎では子どもたちも働き手の一人として野良に出ていたし、街でもいまのように家庭に電化製品のない状況で、家事の幾分かを子どもの仕事として任せられていた。そうして子どもたちは育つにつれ、任せられる仕事も増えて、おとなたちから「助かるようになった」と言われ、そのことが子どもなりの自信にもつながっていた。(＊93) 私自身がこうした生活状況のなかで育ってきたこともあって、私のなかで「子どもの育ち」として思い浮かぶのは、いまでもおおよそそうしたイメージである。

ところが、いまの子どもたちには生活のなかで自分たちに任される仕事がなくなり、むしろ学校での勉強に励んで、ひたすら将来に向けて個体としての能力を伸ばすことを期待されている。おかげで、いまは子どもにかかわる親も教師も、おりにふれ、さかんに「発達、発達」と叫ぶ。「発達」という用語が世間に溢れるようになった背景に、このような時代の変化があったことは間違いない。

人間がたどってきた自然社会、農業社会、工業社会、情報社会

人間は誰もが一個の受精卵からはじまって、胎内で育ち、新生児という未熟な一個体としてこの世界に産み出される。「生まれるのも一人、死ぬのも一人」と言われるとおり、その身体にはもともと個体性が免れがたくとりついている。それはその通りである。しかし一方で、人間は誰もが他の多数の人間によって構成された社会のなかに生み出され、自分から周囲に人間関係の網の目をはりめぐらして生きていく。人間の新生児は、ただの一個体として放置されれば、けっして生きていけないわけで、そこには最初から共同性が予定されていて、それぞれの身体に、他者とともにたがいの共同世界を構築していく仕組みがあらかじめ装備されている。

＊93　いま学校年代の子どもたちには自尊感情が十分に育っていないと言われる。しかし、子どもたちが自分のいまの手持ちの力を使って、周囲から「助かった」と言われるような機会がなくなり、学校ではもっぱら学力を高めることを求められているとすれば、そこで自尊感情を味わえない子どもたちが大量に出てくるのはやむをえないのではないか。自尊感情を高めるためには周囲から「ほめられる」体験が必要だなどと言う人がいるが、そうではない。もちろん、子どものいまを肯定的に見て、そのときどきでほめることがあれば、それはそれでいい。しかし、じつはそうして「ほめる」のが容易でないことも多い。じっさい、小さい子どもをほめるのは簡単だが、少し大きくなると多少ほめたぐらいでは喜ばない。「ほめる」というのは、結局のところ、おとなが子どもをほめる、教師が生徒をほめるというように「上から下へ」の評価であって、あくまで「上から目線」の評価である。子どもたちは大きくなるにつれて、そのこ

こうした個体性と共同性の織り成す両義性は、もちろんどの生き物にも大なり小なり認められる。しかし、人間が他の生き物とちがう特異なところは、言語的コミュニケーションに代表されるように、共同性によって構築される世界が他の生き物よりはるかに大きいことにある。しかも世代間の文化的継承によって、その「共同のかたち」が歴史のなかで引き継がれ、時代とともに次々と新たなかたちで展開してきた。おかげで人間の社会は、その最初には考えられなかったほどに高度化し複雑化して、いまや多くの人々がその豊かさを享受している。

今日にいたるまでの人間社会のあり方を簡単にまとめれば、そこには大きくいって四つの時期に区切ることができる。最初、人間も他の生き物たちと同じように「自然の計画」に組み込まれ[*94]、その自然に翻弄されながら、狩猟採集を軸に小さな集団をなしてほそぼそと生きていた。それは言ってみれば「自然社会」であった。そこから人間は、自然に向かって自ら計画的に働きかけ（「自然の計画」に対して、言わば「人間の計画」である）、ささやかな道具を用いて農耕牧畜を営んで生きるようになって、人間としての文明を切り拓いていく。これが「農業社会」と呼ばれる。人間の歴史においては、この自然社会と農業社会の時期が圧倒的に長いのだが、その文明の進展とともに資本の蓄積がなされ、やがて自然に向かって働きかける道具製作も分業化・高度化して、工場での大量生産がはじまり、これまでにない大規模な交換経済が成り立つようになる。近代以降の「工業社会」の登場である。そうしてさらに工業生産が飛躍的な増大を遂げていくなかで、直接的な必要の範囲を超えて種々の商品が大量に生産されるようになると、その商品を売りさばくために、情報によって人々の欲望をかきたて、商品経済市場の規模を広げ、さらには情報機器の開発とも相まって、文字通り

とに違和感をおぼえるようになる。その点で大事なのは、「ほめる」よりも、子どものやってくれたことを周囲が「喜ぶ」ことではないか。「ほめる」と「喜ぶ」とでは、よく似てはいるが、そこに働く心性はまったく異なる。

＊94　ファーブルの『昆虫記』などを読むと、生き物と周囲世界とが見事に織り合わされていることを感じざるをえない。ファーブルはこの昆虫たちの生きる姿に「神の摂理」を見てとっていた。ファーブルはダーウィンと同時代を生きた人だが、『昆虫記』を書いたとき、ダーウィンの自然選択による種の起源説に強い反発を感じていたことが読み取れる。ここで私は「自然の計画」という言葉を用いているが、ファーブルに言わせれば、これこそが神（自然）の摂理ということになる。

の世界市場が成立していく。また、ネット空間が構築され、これが肥大化していくにつれて人どうしのコミュニケーション様式にまさに劇的な変化がもたらされる。これが今日の「情報社会」である。

このように見れば、人間が人間になって以降の、その社会の変貌ぶりはまことに驚くばかりである。しかも、その変転のスピードが近年になるほど加速化している。

地球規模にまで広がった共同社会と個体化の進行

わが国のばあい、農業社会から工業社会、情報社会へといたる過程が、戦後の高度経済成長下で一気に展開してきた。国内の就業人口比で見ても、ほとんどこの五〇～六〇年のうちに、その主様相が農業主体の第一次産業から、工業主体の第二次産業を経て、そして情報を軸に商品市場を広げる第三次産業へという劇的な変転をたどっている。戦後に生まれた私たち団塊の世代は、文字通りその変転のさなかを生きてきた。

私自身の生活史に照らしてみれば、一九五〇年代、家族八人でわずかな田畑を耕してどうにか生きていた牧歌の少年が、そこから数十年を経たいまは、諸商品が山と積まれ、欲望をくすぐるさまざまな情報のあふれる街で、自らの内に蓄積した諸能力を使って賃金を稼ぎ、その間に積み立てた年金で生きている。直接的に自分の生活で使用する物を何一つ生産せず、生活のほとんどをお金で賄っていて、文字通り一日としてお金なしには生きていけない、そんな暮らしのなかにいる(*95)。

ここに個体性―共同性の両義をめぐる一つの逆説が生まれる(注1)。人々の生きる共同世界が、まさに地球規模にまで拡大してきた一方で、人はそのなかで個々がそれぞれに生き

---

*95　私は七〇余年にわたる自分自身の歩みを『心理学をめぐる私の時代史』(ミネルヴァ書房、二〇一一年)で振り返り、私がまさにその時代の大きな変化の渦中を生きてきたことを書いた。先の第5章の最後に、生活のありよう(存在)がものの考え方(意識)を決定するということを書いたが、そのことをいまでも実感している。

ていく個体化が進行しているのである。じっさい、いまでは個々の人間が日々の生活に必要とする商品が、見ず知らずの遠隔地から地球規模で調達されるようになっているのに対して、個々の個体が生身でかかわる人間関係の網の目は、もっとも身近な家族関係を除けば、逆にその密度を希薄化させて、個体単位の生き方がどんどんと進行している。貨幣経済があまねく広がり、世界規模の商品市場が展開するなか、個々人の労働もまた賃労働として商品化し、個々人がそれぞれ個々に身につけた「個体の能力」を元手に、これを貨幣に交換して生きていくしかない状況が広がっている。

共同世界の拡大と個体化の進行というこの逆説的な状況のなかで、子どもたちの生きる世界に「発達」の視点がもち込まれ、これがあまねく広がってきた。そこでの「発達」は、基本的に個体能力の発達でしかなく、身体のうちに本源的に根ざしているはずの共同性もまた、ソーシャル・スキルなどと呼ばれて、まるで個体内の一機能でしかないかのように矮小化され、個々に評価されてしまう。じっさい、この能力が十分でなければ、学校でも会社でもうまく適応できないかのように考えられている。

そもそも学校は近代の生み出した人為の組織である。この人為的な組織が制度化されて一五〇年近くになる。当初、学校は「村の学校」あるいは「地域の学校」であって、子どもたちはそれまでの人間関係の延長上で、たがいに生活の匂いを身にまといながら入学し、多くの人は卒業後その同じ村、地域でそれぞれの生業を営んで暮らした。しかし、高度経済成長期以降、人々の移動範囲が大きく広がり、地域共同体がその実態を徐々に失うにつれて、子

注1　浜田寿美男『発達心理学再考のための序説』（ミネルヴァ書房、一九九三年）

どもたちの個体化が進行し、学校という場の意味もかつてとは大きく異なってきている。いまでは一部の地域を除いて、子どもが学齢を迎えて学校に入学するとき、そこは幼いころから自ら形成してきた共同社会でも、その延長でもなく、個体としての学びを強いられる馴染みのない組織になった。子どもたちはみなたがいに縁のない「個体」として、そこに適応していく。こうして自分が個体としてもつ知的能力、認知能力を発揮することを求められ、あるいはたがいの生身の対人関係も、個体のもつ「ソーシャル・スキル」に還元され、それらが不十分となれば、それぞれ「知的障害」、あるいは「発達障害」として、訓練や治療の対象にされてしまう。現実社会はそのように仕組まれているのである。(*96)

「健常」と「障害」、「定型」と「非定型」

　ここまで「障害」という用語を定義もせずに、ごく漠然と使ってきたが、「発達障害」について論じようと思えば、「障害」の概念について少し整理して考えておかなければならない。というのも、「障害」は、本来、この社会を生きるうえでの差し支えであって、その意味で社会的な概念であるはずなのに、それが個人の能力の欠如、あるいはその偏りとして捉えられ、個人のレベルで個々に治療し、対処すべきものと考えられてきたからである。

　個体の能力が人類に予定されたかたちで定型的に伸びていくことを、いま風に「定型発達」と呼ぶとすれば、それは大多数の人におおよそ当てはまる。いや、大多数が当てはまるからこそ「定型」と呼ぶという程度のことであって、そのなかにももちろん多様な人々がいる。(*97)その一方で、「定型」として予定された発達過程に遅れや躓《つまず》き、歪みが見られる人たちがいるのも、生身の人間の自然な現象であって、それはどの時代にもどの地域にもつねにあっ

＊96　このまとめ方が極端で少々乱暴だということを、私自身、知らないわけではない。個々の子どもたちにとってみれば、学校はたくさんの友だちがいて、そこに遊びの輪が生まれ、さまざまな人間関係が広がる場でもある。そのことを承知したうえで、いま学校がここに書いたようなものとして機能している現実を見ないわけにはいかない。

＊97　高岡健はこれを「凡人」と呼ぶ。言い換えれば、「非定型」の人たちは、「凡人」の発想を超えた「非凡」の人ということになる。「定まった型」通りに育つことで、問題なく楽に生きられるように思われているかもしれないが、しかし、だからと言って素晴らしい生き方ができるわけではない。ただの凡人に過ぎないというわけである。こうした価値観の切り返しは面白いのだが、一方で凡人たちが多数派を占めて形成するこの社会で、「非凡」の人たちは、その社会の障壁にぶつかって、暮らしづらい思いを抱えることがある。この現実を無視することはできない。

たはずである。それを「定型」に対して「非定型」と呼ぶとして、ここで誤解してはならないのは、この「非定型」は発達過程そのものが「定型」からそれているというだけのことであって、これがただちに「障害」ではないことである。

じっさい、「定型」「非定型」はその発達過程をあえてそのように二分しただけで、それぞれが社会生活上で「障害」があるかどうかは、これとはまた別の観点による。言い換えれば、「定型」が「健常」、「非定型」が「障害」というふうに直結するわけではない。

たとえば、知的能力に関して「定型」的な発達過程をたどらず、その発達に遅れが生じて「非定型」な発達過程をたどる人のことを高岡健にならって「知的発達症」と呼ぶとすれば、その人がこの社会のなかで「合理的配慮を欠いた環境」にさらされたとき、生きるうえでさまざまな差しつかえを生じ、不利益を受けてしまう。つまり、社会的障壁にぶつかることになる。これが「障害」である。図式的に表せば、

　知的発達症＋社会的障壁＝知的障害

ということになる。

あるいは、対人関係の能力に関して「定型」的な発達過程をたどらず、その発達過程が「非定型」な人として、「自閉的スペクトラム症」の人たちがいる。これについてもこれ自体が「障害」なのではなく、その人たちが「合理的な配慮を欠いた環境」にさらされたとき、その社会的障壁にぶつかって、それが「障害」としてあらわれる。これを知的障害の場合と同様に図式化すれば、

　自閉的スペクトラム症＋社会的障壁＝自閉的スペクトラム障害

となる。

これらを一般化して言えば、

非定型発達＋社会的障壁＝発達障害

となる。(＊98)

このように考えれば、たとえば、身体の姿勢運動面での発達に遅れや躓《つまず》きが見られる場合も、それは発達過程が「非定型」だということであって、それ自体が「身体障害」であるわけではない。つまり、ここでも、

非定型身体発達＋社会的障壁＝身体障害

ということになる。その意味で「身体障害」も、後天性のものでないかぎり、広義には「発達障害」のなかに含めてもよいはずなのだが、実際にはこのような位置づけはなされていない。(＊99)

このように「障害」という概念は、原理的に言えば個体の属性ではなく、個体がその発達過程で見せる「非定型」的な遅れや躓《つまず》き、歪みが、社会的障壁にぶつかることで表に現れる状態を指す。かつては個人の能力特性として「健常」と「障害」とを対置し、そこに非対等な仕切り線を引く見方が根強くあったが、それに対して、いまは両者を相対化して、それぞれを「定型」と「非定型」として、相互の対等性を前提に、そこから社会の在り方を考える発想が徐々に芽生えつつあるのである。それは「障害」を個人に対する「医療モデル」から、「障害」を個人どうしの関係の問題として捉える「社会モデル」へのパラダイム変換と軌を一にしている。ただ、この大変換が世間の多くの人々のあいだに根を下ろすのは簡単なことでないし、「障害」を個人の属性と考える見方がそうそう簡単に変わるとは思えないのだが、そのことを確認したうえで、それでも私たちが向かうべき方向が「社会モデル」の側にある

＊98　この定義も高岡健による。高岡の発達障害論については『やさしい発達障害論』（批評社、二〇〇七年）、『続・やさしい発達障害論』（批評社、二〇一三年）がある。

＊99　念のために断っておけば、視覚障害や聴覚障害も、その身体レベルで視覚・聴覚器官の欠損や機能不全それ自体を「障害」とするのではなく、それによってこの社会を生きるうえでの社会的障壁があることを「障害」と呼ぶ。そのように考えれば、問題は個人の側にではなく、社会の側に帰属することになる。この「障害」の社会モデルは、障害にまつわる差別問題を克服するうえで必須の考え方である。

ことはまちがいない。

「発達、発達」と叫ばれるこの時代、「発達」と言えばただちに「個体の発達」と理解されてしまって、そこでは人が人と「ともに生きる」その共同性の諸相が背景に沈んで、よく見えない。「発達」という概念には、個体を単位に物事を考えるこの時代の精神が染み込んでいるためであろう。とすれば、そこに切り込んで、新たな展開を拓いていく道筋はどこにあるのか。そのことを、私たちはあらためて考えなければならない。

2　「脚力」という比喩

社会的に共有された理解水準に追いつく「脚力」

「障害」の問題をこのように「社会的障壁」との関係で考えれば、自然社会、農業社会、工業社会、情報社会というふうに人間社会が展開してきたその歴史過程と連動して、その「障害」の様相もまた変化してきたことが、より具体的かつ的確に捉えられる。じっさい、社会が歴史的にそうして高度化し複雑化してくれば、個々の個体はそこを生き抜いていくために、それに見合うだけの能力を求められていくことになるが、一方で、もちろん、生き物としての人類がその個々の能力をその社会の進展に比例して伸ばしてきたわけではない。そこにおのずとずれが生じる。問題はそのずれをどのように考えるかである。ここで、まず知的障害について考えてみる。

知的障害（精神遅滞）について言えば、知能検査の測定でＩＱ＝七〇～七五をボーダーとして、知的能力がそれ以下にとどまるというのが第一の条件で(＊100)、それに加えて社会生活上

＊100　もっとも知能検査や発達検査は、時代や文化によって内容が異なるし、時代や文化の変化に応じて、検査内容自体が改訂されるもので、したがってこれは純粋に生き物として個体の能力を測定しているわけではない。つまり、知能検査自体に時代性・文化性が刻印されている。

「適応機能の欠陥または不全」があったとき、そこではじめて「障害」として位置づけられる。そうだとすれば、同じ知的能力であっても、「障害」をもつかどうかは、どのような社会に生きるかによって左右される。じっさい、ＩＱがボーダー以下の人でも、農業社会においては濃密な人間関係の網の目のなかにあれば、さしたる問題なく生きていける。ところが、個体を単位にして個々人に高度の認知能力が求められる工業社会・情報社会になると、その場で要求される水準を満たすことができず、適応不全の問題を抱えてしまう可能性が高くなる。

滝川は、発達の遅れと社会とのあいだにあるこうした事情を念頭において、知能を〈脚力〉にたとえる卓抜な比喩を提示している（注2）。すなわち、人間はそれぞれの時代時代で、社会的に共有している理解（認識）があって、その社会に「生まれ落ちた子どもは、周りの人々の間ですでに社会的に共有されている理解（認識）の水準を、あとから追いかけ、多くのばあいはやがて追いついてゆく。これが精神発達であり」、その発達の観点から言えば、「社会・文化のなかで共有されている理解（認識）の一般水準に追いついていく〈脚力〉にあたる力を「知能」と定義するとわかりやすい」というのである。

こうした発想に立てば、「障害」は、病的な異常に基づくものを除けば、社会との相対的な関係を離れては成り立たない。滝川の言い方を借りれば「子ども一〇〇〇人が走れば、脚のうんと早い子からうんと遅い子まで必ず大きな幅が生じる。同じく理解の育ちの〈脚力〉、その到達度にも、自然の現象として必ず広い幅の個体差が生じる。この自然に生じる幅のなかで、全体の平均をある程度より下回っているものを「精神遅滞（知的障害）」と名づけているにすぎない」のであって、それは医学的な病理現象ではない。そこに定型発達の子どもとの質的な差異はなく、「ただ、その追いつかんとする歩みがゆっくりのため、追いつききれないだけのちがいである」。

さらにここから敷衍して、滝川は「私たちの社会は、高度に発達するほど、遅れをもつ子どもたち、人たちを必然的に生じさせることになる。そうしたことの上に、はじめて私たちの豊かな社会は成り立っている。もしそうなら、この高度に発達した社会をじゅうぶんに共有でき、そこからの恩恵を享受できている私たち、たまたま大きく遅れない側に入った私たちが、社会の高度化によって逆に困難や矛盾を強いられざるをえない人たちを支援するのは当然のことではあるまいか」という。

このように知能を脚力にたとえて「知的障害」を捉える比喩に、なるほどその通り、と納得する部分は大きい（＊101）。しかし、そのうえで、さらに私たちが確認すべき論点がもう一つある。

歩く力とそれによって広がる生活世界

人間がつくり出してきた社会がどんどん高度化し複雑化しても、その社会に生み出された個々の子どもたちは、その個体としての能力がそれに比例して進化するわけではない。種としての人間の系統発生とその人間の歴史的な変化とはおよそその時間的な単位が異なる。つまり、生き物としての人間に与えられた能力は、数十年、数百年、あるいは数千年という短い単位で進化するようなものではなく、子どもがおとなに追いついていくための脚力そのものは、人間の歴史の範囲内で見るかぎり、数千年前の昔もいまもさして変わらないと言ってよい。

注2　滝川一廣『子どものそだちとその臨床』（日本評論社、二〇一三年）

＊101　知能を「脚力」にたとえる比喩は卓抜であるが、一方で微妙な問題を生み出しもする。「脚力」は動物の移動能力というもっとも基本的な身体能力であるがゆえに、比喩として分かりやすいのだが、知的能力にはそれほど単純化できない側面がある。たとえば、かつて「落ちこぼれ」問題がさかんに論じられた時代がある。落ちこぼれには、生徒自身の能力の問題ばかりでなく、その社会的境遇を含めた生活史的要因、また教師の指導能力の問題、あるいは学校で要求される学習内容の複雑化や過剰などの問題があるとして、その原因の究明と同時に、その要因を除去すべく対策案が講じられた。しかし、一方で落ちこぼれを落ちこぼれとして認定するというその発想自体に問題の根はある。じっさい、「ひとりの落ちこぼれもないように」という一見ヒューマニスティックな理想をかかげ、落ちこぼれの一掃を叫ぶ人たちがいた。しかし、このスローガン自身が、子どもを〈落ちこぼれる―落ちこぼれない〉という次元で見る視点を超えていない以上、「ひとりの落ちこぼれもない」状態は原理的に不可能である。子どもは一定の

それゆえ、いまの社会の求める能力水準が高くなればなるほど、もって生まれた自分の脚力で追いつかない子どもたちが増えていくのは必然である。昨今さかんに社会「格差」が叫ばれるような事態が生じたのも、あるいは対人関係の障害としての「発達障害」が社会問題化するようになったのも、その根っこには、生き物としての人間の能力特性の変わらなさと、一方で人間が展開してきたこの社会の歴史的発展とのギャップがあることを見ておかなければならない。このことを指摘したうえで、問題は、このギャップのなかに落ち込んだ人たちへの「支援」をどのように考えればよいかである。

知能という脚力に劣る子どもたちへの支援として、まず端的にイメージされるのは、その脚力そのものを伸ばすということであろう。それによって、とにもかくにも定型の発達に追いつけるようにと考える。じっさい、今日の学校においてなされている特別支援教育は、多様な子どもたちのインクルージョンを理念として掲げながら、ほとんどがその個体の能力をいかに伸ばしていくかに集約されているように見える。発達の単位を個体能力におく近代の発想からは、こうしたかたちの発達支援イメージがおのずと浮かび上がってくる。考えてみれば、脚力はまさに個体の能力であり、これが知能の比喩として通用するのも、その能力の個体化が背景にあるからにほかならない。

しかし、脚力を一定の尺度でもって測れる個体能力として見るのは、近代特有の枠組のなかでのことであって、それをごく普通にこの生活世界のなかで使われる力と考えてみれば、それは単に競い合うべき一次元の能力ではないことに気づく。じっさい、子どもたちが一歳前後に独立二足歩行の能力を身につけたとき、それは単に脚力の獲得であるだけではなく、その脚力を使って歩行世界が繰り広げられていくということを意味する。それまではわずか

認知課題をマスターせねばならないという基準を構える限り、当然ながら、その基準を越えられない子どもが出てくるはずだからである。落ちこぼれという自動詞的な言い方に反発をおぼえる人もいて、これを落ちこぼしと呼びなおしたうえで、これが子ども自身の問題である以上に、教師や学校、あるいは文部省の指導方針にあると主張する人たちもいた。しかし、呼称を変更しただけで、問題の本質は変わらない。じっさい、落ちこぼれを落ちこぼしとして捉えたとしても、ひとりの落ちこぼしもないようにするためには、結局、落ちこぼしそうな子ども、どうしても落ちこぼしてしまう子どもを、「障害」として別学体制のなかに追い落していくしかない。じつは、障害児学級・学校は、専門的手だてという美名の下の、落ちこぼれを制度化したものだと言うこともできる。そうして制度の隠れ蓑を着せてしまえば、不思議なことに「落ちこぼれ」という名前は隠れてしまう。しかし、実質的にはそこに押し込まれた「障害児」以上に、社会の場から落ちこぼれ、疎外されたものはいない。誤解のないよう言っておくが、私自身、子

な範囲を這い這いで移動できる程度で、その域の外では周囲のおとなによって運んでもらうしかなかった赤ちゃんが、自らの脚で立って、自分の思うところに移動していくことができる、そうした世界を獲得するのである。

　しかも、それは自動歩行機械として闇雲にあちこち移動できるようになるということではない。赤ちゃんは、たとえば母親の膝もとを拠点にして、そこから興味を惹かれたもののところまで出かけて「往き」、ひとしきりそこで遊べば、また母親の膝もとに「還る」。歩行世界は単なる移動空間ではなく、ある場所をホームにした「往還」の世界なのである。

　さらに、こうした往還世界が成り立つためには、往って還るべき対人拠点（ホーム）がなければならない。ところが、この歩行の能力が往還の世界につながっていかないケースがある。じっさい、自閉症の子どもたちのなかには、歩行能力は早くから身についたにもかかわらず、対人関係的な拠点が形成されていないために、やたらと動き回るものの、「往還」のある歩行世界が広がらず、往ったら往きっぱなしで、しばしば迷子になって、親が見つけても泣きもせず平然としていたりする。歩行能力は対人関係の構築と相俟って、そこに往還のある歩行世界を生み出す。それによってはじめて歩行の能力は、その後、子どもの生活世界の大事な基盤となる。

　こうして見れば、歩行能力の獲得は単に発達軸上の節目であるというだけでない。力の獲得の意味は、当然ながら、その力の獲得によって新たな生活世界が繰り広げられていくところにある。これまで繰り返し強調してきたように、「力を伸ばす」ことの本来の意味は、その「力を使う」こと、それによって新たな生活世界が展開するところにある。ところが、子どもの育ちを「発達」として捉えようとするとき、人はしばしば育ちが広げるその生活世界では

どもたちが学校での学習についていけず、わけの分からぬ苦痛の時間を机に縛りつけられ、仲間からもはずれて自分の安定の場を見失い、時には閉じこもり、時には同じ落ちこぼれどうしでうっ憤を晴らすといった状態を放置せよと言っているのではない。単にヒューマニスティックな善意でもって、対症療法を試みても根本的な問題は一向に解決しないということを主張したいだけである。いや、そればかりか、個体的認知能力論に毒された心理学でもって、落ちこぼれ原因を詮策し、弥縫策を講じても、呪縛の環のなかにより深く入り込んでしまうだけである。

なく、むしろそれを可能にする個体能力の視点に囚われて、ひたすらその能力の向上に希望を託してしまう。

もちろん、脚力を伸ばすという方向での支援によって、それまで乗り越えることのできなかった障害を乗り超えていける人たちもいる。それはそれで大事なことで、私自身そのことを否定するものではない。しかし、支援の焦点が能力向上にのみおかれたとき、一方で、その脚力不足のゆえにメインストリームから落ちこぼれていく人たちがかならず出てくることも、ちゃんと自覚しておかなければならない。そうだとすれば、個々人の力が伸びようと伸びまいと、人がそのときそのときの手持ちの力で、どのような生活世界を描き、そこで周囲の他者たちとの共同的な関係の世界をどう広げていくかという視点こそが基本となるはずである。そのことを忘れてはならない。

知的能力を脚力にたとえる比喩の限界がここにある。知的能力が高かろうが低かろうが、その手持ちの知的能力で繰り広げる生活世界がある。そうであるなら、いまの時代に見合った脚力が身につかない人たち、身につけにくい人たちに対して、私たちが構想すべきは、その脚力を伸ばそうとするだけでなく、同時にその人たちが手持ちの力のまま、自らの生活世界をどのように繰り広げればよいのか、また周囲の私たちが共同生活者として、ともに共同できる生活世界をどのようにつくり出していけばよいのかというところにあるはずである。

日々の生活を支える人々の交感領域

狩猟採集の自然社会からはじまって、農業主体の社会、工業主体の社会、そして情報主体の社会へと展開してきた、その歴史過程を追ってみれば、たしかにそこを生き抜くために必要となる能力はつぎつぎと高度化し複雑化して、その結果、与えられた脚力ではその社会に対応しきれない人たちがどんどんと増えている。ただ、自然社会、農業社会、工業社会、情報社会という歴史の流れは、それぞれの社会が順次すっかり入れ替わるようにして変転してきたわけではない。それは当たり前のことだが、そのことの意味をここであらためて確認しておく必要がある。

じっさい、人類が農業主体の社会へと進んできたとき、そこで自然社会的な生きるかたちがなお根を残していたはずだし、農業社会から次の工業主体の社会へと足を踏み入れていくときも、自然社会的な生きるかたち、農業社会的な生きるかたちを捨て去ってきたわけではなくて、暮らしの大きな部分にはなおその古くからの生きるかたちが根を張っていたはずである。さらに工業主体の社会になり、資本主義的な貨幣経済が人々の暮らしを大きく支配するようになっても、同じように自然社会、農業社会におけるそれまでの生きるかたちが大きく残っていて、人々の暮らしをその背後から支えている。

そしていま、膨大な情報が世界を駆け巡って個々の人たちの生活世界を左右する、そのいわゆる「情報社会」を私たちは生きているのだが、その背後にも、なお〈自然社会的な生きるかたち〉、〈農業社会的な生きるかたち〉、〈工業社会的な生きるかたち〉が根を残していて、これを欠いては生きていけないし、その根から広がる何かが、私たちの生活の大事な部分を支えている。何しろ、人間もまた自然の一つであって、その根を断ったところでは生きられないからである。いまのこの時代を生きる私たちの生活世界もまた、「情報社会」というような言葉によって一括りで語ることはできない。人間が生身である以上、〈多様な生きるかたち〉をそれ自体のなかにかかえている。これはまったく当たり前のことであって、この事実を無視することはできないし、そこからあらためて社会のありようを考えることが求められている。

じっさい、どのような社会にあっても、その背後にはいわゆる身の回りの「家事」や「育児」、「看護」や「介護」など、もろもろの日々の営みは欠かせないし、そこでしか味わえない苦楽の共有世界がある。あるいは、いまやさまざまな情報機器の開発によってそれまでは思いもよらなかった遊戯の世界が広がり、それに没頭する人々も膨大に出現しているが、一方で新奇な情報機器などによらない身内のささやかな「娯楽」が、いまもなお私たちの暮らしの大事な部分を支えているし、そのことを過小評価すべきではない。人工的な機器の広げた世界がどれほど膨大な規模に及ぼうとも、人はなお自然に与えられた生身の身体で生きる。それゆえに、この生身の身体でもってたがいに引き受け合い、与え合う苦楽の領域、この相互的な交感の領域こそは、どのような時代にあっても、どのような社会にあっても、私たちの暮らしにつねに存在しつづけていて、それ抜きに人は生きられない。

そうだとすれば、いま問題になるのは、その基本的な生活の交感領域でさえもが、いまや消費領域として貨幣経済のなかに組み入れられて、お金があってこそ豊かな生活を享受できるかのような感覚が世の中に充満していることにある。私たちはそうした社会を生きている。しかし、そうして地球規模で膨大な量の情報と商品が行き交い、その情報と商品が人々の生活の隅々まで浸透するいま、はたして人々が日々生身で味わう交感領域がより豊かなものになりえているのか、むしろ逆に身の回りを飛び交う情報と商品に振り回されて、生身の交感領域が脅かされてはいないか。

私たちはいま、単に個体レベルでその能力を伸ばすという発想に囚われることなく、むしろたがいの手持ちの能力で、周囲の人々とともに、どのような生活世界をどこまで繰り広げていけるのかという方向で、問題を捉え直すことが求められている。そうして見れば、「発達障害」についても、それを単に個体の能力の問題として論じるのではなく、たがいのコミュニケーションの問題として捉え返し、そこに「ともに生きるかたち」をどのように構築するかを考えなければならないはずである。(＊102)

3　「発達障害」の蔓延と個体化

「発達障害」の蔓延

「発達障害」は、字義通りにとれば「発達の障害」であり、その文字面だけ見れば、用語としてあまりに漠然としているが、いま私たちのまわりに氾濫している「発達障害」は、もともとそうした一般的なものでなく、限定された特異な障害からはじまっている。

出発点は、アメリカ精神医学会の診断分類マニュアルＤＳＭ―Ⅲ（一九八〇）で早期幼児自閉症が「広汎性発達障害」という名称の下にまとめられ、さらにＤＳＭ―Ⅲ―Ｒ（一九八七）で、その上位の分類として「発達障害」が取り出されたことによる。以来およそ三〇年余り、その間にわが国では、特別支援教育とのからみでこの用語の適用枠が大きく広がり、いまでは学校年代を終えた成人を含めて、これが盛んに取りざたされるようになった。その背景にはやはり「発達障害」という用語の曖昧さがあったと思われる。

そもそも狭義の自閉症あるいは自閉性スペクトラムについては、イギリスやアメリカで有病率が〇・〇四～〇・〇五％と言われていた。しかし、わが国の乳幼児健診でチェックされ

＊102　かつて養護学校義務制化がなされて別学体制が固められていく過程で、どんなに重い障害をもった子どもでも地域の学校で「共に生き、共に学ぶ」ことを掲げた共生共学の運動が盛り上がったことがあった。一九八〇年代から九〇年代にかけて、別学体制への批判が高まり、養護学校や特殊学級に籍をおく子どもたちが大きく減少して、養護学校が存亡の危機にあるかのように言う人たちもいた。ところが、二〇二〇年代に入ったいま、特別支援学校、特別支援学級籍の子どもたちが激増して、少子化によって普通学校の統廃合が進むなか、特別支援学校の新設が進んでいる。その背景には「発達障害」とラベリングされた子どもたちの激増がある。もちろん、この四〇年間で、「子ども」自体が生き物として変化したわけではない。問題は、この間における学校状況の変貌、そして人々の人間観、生活感の変貌にあると考えざるをえない。じっさい、共生共学の運動はいまも息長くつづいているが、しかし、かつてのような勢いはない。

たところから見れば、最近、その有病率は三〜五％に及び、ある信頼できる調査報告によれば、五歳までの累計有病率が四・四八％だったというから、およそ一〇〇倍にもなる（注3）。厳密な疫学調査でなく、チェック基準も異なるのだから、この数値をそのまま比較することはできないが、「発達」にかかわる現場で、その「障害」が疑われ、何らかの「支援」が必要だと考えられる子どもたちがそれだけ増加していることになる。その事実が何を意味するかについて、ここであらためて考えておかなければならない。(*103)

注目すべきことは、二〇〇二年に文部科学省が「今後の特別支援教育の在り方について（中間まとめ）」を発表し、同年実施した全国実態調査から「LD、ADHD、高機能自閉症により学習や生活について特別な支援を必要とする児童生徒も六％程度の割合で通常学級に在籍していることが考えられる」としたことである。そうした動きを受けて、二〇〇五年には発達障害者支援法が施行されて、そこでは「自閉症、アスペルガー症候群その他の広汎性発達障害、学習障害、注意欠陥多動性障害その他これに類する脳機能の障害であってその症状が通常低年齢において発現するもの」と定義され、知的障害をともなわない人を含み、またすでに成人となった人をも含めて、「発達障害」の概念が大きく広げられた。

かくして「発達障害」という見方が漠然とした含意のままこの世の中に蔓延しているのだが、その背後には「障害」の有無にかかわらず、子どもの育ちをとかく個体単位で、「発達、発達」という目で見てしまう見方が広がり浸透していることがある。発達心理学を仕事としてきた私自身、じつはこの状況を喜ぶことができない。それどころか、むしろそこに深刻な危機意識を感じてきた（注4）。

＊103　いま「発達障害」と呼ばれる人たちの多くは、かつて周囲からは「ちょっと変わった」子どもあるいは人と思われていて、「障害」の枠には入っていなかった。そのために周囲の人には理解できないような些細なことでトラブルを起こしたり、面倒な事態に陥ったりして、「困った」子どもだ、「ややこしい」人だと思われていた。その点、その子どもたち、人たちが「発達障害」と位置づけられるようになったことで、自分では左右できない何らかのハンディを抱えているとして、いまでは「治療」の対象になったり、「別枠の教育」を進められたりする。時代によってこのように変化してきた背景には、「自閉症」について「スペクトラム」という見方が広がったことがあったと思われる。認知機能をメインにおいた知能検査で多数の人を測定すれば、検査結果は正規分布を描く。そこで知的能力のレベルを数値で区切れば、「定型」からボーダー（境界線）へ、さらに軽度、中度、重度へと連続体（つまりスペクトラム）をなすことになるが、同じように他者との関係機能を何らかの基準で測定すれば、そこにも「定型」からボ

「発達障害」が浮かび上がってきた時代的背景

個体が共同体のなかに埋もれるようなかたちで社会が営まれていた時代には、人目に目立つ顕著な「障害」をもつ人たちが、閉じた家のなかにひそかに隠蔽されるようなことがあった。しかし、逆に個体レベルのハンディがさして目立ったものでなければ、たいていの人たちはむしろ共同体のなかに居場所を得て、そこに包み込まれるようにして生きていた。ところが、人々が共同体のなかからそれぞれ個体として取り出されて、個体の能力が生きる糧になるような時代になれば、その能力の非常に高い人たちがとてつもなく豊かな生活を保障される一方で、軽重さまざまなハンディゆえに、周囲からの支援なしにはこの世界で十全に生きていけない人たちが浮かび上がって、それぞれが個体の能力発達の問題として表立って論じられるようになる。

いまは、その人たちに対して特別支援教育が用意され、あるいは福祉的な支援がなされている。彼らは「障害者」と名づけられ、「定型発達」の人たちとは別のルートが用意されて、その生きるかたちが制度の枠に閉じられ、それによって制約されている。そうした教育的ないし福祉的施策に、この現実において一定の意味があり、歴史的な必然性があることを、私も否定するものではない。しかし、そのうえで私は、「発達」をめぐる今日のこの状況をこれでよしと是認する気持ちにはなれない。

とりわけ「発達障害」の場合、一見なんのハンディももっていないように見えながら、少

注３　村田豊久「自閉症の有病率が一〇〇倍になったことの意味するもの」『育ちの科学』（三一号、二〇一八年）
注４　岡本夏木・浜田寿美男『発達心理学入門』（岩波書店、一九九五年）

ーダー（境界線）へ、さらに軽度、中度、重度へと連続体が描けることになる。それは当たり前のことで、身長や体重についても同様の正規分布が描ける。つまり、何らかの尺度で人間の能力・特性、あるいは「障害」の度合を測れば、正規分布で描けるような連続体（スペクトラム）が見えてくる。人間も自然のものであり、自然の現象を一定の基準で測定すれば必ず連続的な多様性が見えてくる。それは当然である。そこで問題は、この多様性に区切りを入れて、治療とか訓練を考えるのか、それともおたがいの差異を前提に、「人間ちょぼちょぼ」と思って、おたがいの折り合いを求め、何らかの納得にたどりつくのかにある。いまはこの前者の見方が前面に出て、後者の見方が背後に沈んでしまっているように見える。

しつき合ってみると、どうしてこんなふうに考えるの？　どうしてこんな行動に出るの？と不思議に思う人たちがいて、対人関係面で違和感を覚えることがあって、その結果、ときに対人的なトラブルになったりもする。よく見てみれば、その背後の「理解の土俵」に、「定型発達」の人たちからすれば思いもよらない食い違いがあって、そこからおたがいのディスコミュニケーションが起こっているのだが、圧倒的な多数派を占める「定型発達者」たちは、そこからはみ出した人たちを「発達障害」と見なすようになった。

この「障害」が前面に浮かび上がってくるようになった背景には、かつての自然社会、農業社会、工業社会において、その労働の軸が対物関係にあったのに対して、情報社会になってからは、その労働の軸が対人関係に移行して、人どうしのコミュニケーションが重視されるようになったことがあると考えられる。じっさい、今日「発達障害」と呼ばれる人たちのなかには、かつてなら、少々偏屈だが、田畑の仕事をコツコツと律義にこなす百姓だったり、荒海に出て漁に励む寡黙な漁師だったり、あるいは材木を扱う手仕事を器用にこなす職人だったり、機械操作を熟知した年季の入った工員だったり、少々偏屈でも、対物関係の優位な時代にはそれぞれ立派な仕事人ではなかったかと思われるような人がいる。その彼らがこの時代になって、「むきだしの人間関係」にさらされ、しじゅう社会的障壁にぶつかることになれば、それが「障害」というかたちで現れてしまう。考えてみれば、それは当然のことである。

ソーシャル・スキルを個体能力として見る「発達」観の歪み

世界の認識（理解）にかかわる知的能力についてと同様に、周囲の人々との関係にかかわる対人関係能力もまた、それぞれ個々の身体に与えられた条件は多様で、相手の意向を微妙に察知して対立をできるだけ回避し、一見良好な関係を保つことのできるような人もいれば、相手の意向を読み取るのが苦手で、やたらと対立して、場から浮いてしまう人もいる。あるいは、そのためにそういう場をできるかぎり回避しようとする人も、また、逆に自分の思いを言い募り、その場を突破して、周囲からひんしゅくを買い、あるいは頑固者として遠ざけられる人もいる。対人関係の能力や特性にも、大多数の凡人がいる一方で、そこからはみ出す人たちが多様なかたちで存在するのである。かつてそれはもって生まれた「性分」として、良かれ悪しかれ諦められていた。じっさい、それは努力によって簡単に変えられるものではない。この「性分」と思われていたもののなかに、一種「能力」と言っていいような部分があることも確かで、それがいまは「発達障害」としてラベル化しているのである。

人という生き物は、そもそも共同的にできていて、その共同性を支える能力は個々の身体に、言わば「類のメカニズム」として最初から埋め込まれている（注5）。しかし、身体は生身の壊れものである以上、その共同性のメカニズムもまた壊れ、損なわれうるし、それがうまく整わないこともある。一見矛盾した言い方になるが、類としての共同メカニズムが個々の個体のなかに埋め込まれていて、それが何らかの原因でうまく整わなかったり、損なわれたり、あるいは逆に極度に豊かだったりもする。それをソーシャル・スキルと名づけるとすれば、個体能力としてその多寡や欠損を評価することもできる。しかし、そのようにしてソーシャル・スキルを個体能力としてしか見ないとき、そこには「発達」観の歪みが露骨に現

注5　浜田寿美男『「私」とは何か』（講談社、一九九九年）

れてくる。(＊104)

　共同性とは、もちろん個体内で完結するものではなく、他者があってはじめて成り立つ。その共同性をソーシャル・スキルとして個体能力に還元してしまうようになれば、まるでそうしたスキルが個体内に独自の能力として存在していて、そのスキルに不足があると評価された人は、発達上の「障害」があるということになって、その人を個別に取り出し、その能力向上のために訓練をしようという発想に流されていく。

　人間は多様なものである。その多様な人間が生身で出会い、そこに相互のかかわりの世界が多様に展開する。しかし、「障害」というラベルはその多様性のなかに一つの仕切り線を持ち込んで、共同性の質を変える。「発達障害」という新しいラベルが登場したことによって、じつはそこにもう一つの仕切り線が引かれてしまったともいえる。その意味を考えないわけにはいかない。

　たとえば、社会的な対人関係の能力を個体の能力として取り出し、ソーシャル・スキルを測定するチェックリストを持ち込めば、そこにはソーシャル・スキルに長けた子も、ソーシャル・スキルに欠けるとしてチェックされる子も出てくる。そこでソーシャル・スキルが不十分とされた子どもをクラスから取り出し、特別支援の対象者として別クラスで訓練しようということにもなる。しかし、その訓練で個々の子どものソーシャル・スキルが尺度上で伸びたとして、それで特別支援の効果があったと喜んでよいのだろうか。

　ソーシャル・スキルとは「人とつきあうスキル」である。(＊105)しかし、「人」という人がいるわけではない。人のなかには男もいれば女もいる。金持ちもいれば貧乏人もいる。高齢者もいれば赤ちゃんもいる。そして障害のある人もいれば、ない人もいる。とすれば、「人とつきあ

＊104　人間はそれぞれに与えられた身体という「自然」を生きている。その身体は他者の身体と区切られて、「生まれるのも一人、死ぬのも一人」という絶対的な個別性を強いられていると同時に、身体をもっているがゆえに、その身体を通して、別に身体を生きる他者とかかわりながら生きざるをえないし、そうして他者との関係を生きる装置を本源的な共同性として当の身体のうちに具えている。この個別性―共同性を合わせもつという両義性を人は生きる。この原則を見逃してしまえば、歪んだ「人間」観、「発達」観に陥ってしまう。

＊105　ここで「人とつきあう」と言うとき、原則としてあくまで「生身の身体でつきあう」のでなければならない。現在はネット空

うスキル」といっても、それは相手次第。とりわけ、障害のある人とつきあうスキルも大事なスキルであろう（残念ながら、ソーシャル・スキルのチェックリストに「障害のある人とつきあうスキル」は入っていない）。ところが、ソーシャル・スキルの苦手な子どもたちを特別支援の枠で仕切ってしまえば、そこに問題がないとされる定型発達の子どもたちは、先述のように、ソーシャル・スキルの苦手な、ちょっとつきあいにくい非定型発達の子どもたちとつきあう機会を奪われることになる。その結果として、子どもたちの集団の質、関係の質が大きく左右されてしまう。じっさい、いまの特別支援教育の体制下では、障害をもたない子どもが障害のある人たちとつきあう機会はきわめて少ない。特別支援の枠組で仕分けされることによって、子どもの社会が分断され、その分断線はおとなの社会でさらに大きくなっていく。

　私は、ソーシャル・スキルの訓練そのものを否定するつもりはない。しかし、そうして個体能力を訓練するという発想が私たちの生活世界のなかに大きな歪みを生み出していくことの危険性を看過することができない。

　発達を「個体」単位で「完態」に至る道筋としか見ないとなれば、子どもたちの育つ姿も、結局は、個々の「子どもの発達」の集合でしかなく、子どものその生活世界のなかでさまざまな人々と出会い、さまざまな関係を築き、この社会を形成していく、その具体的な姿を見失ってしまう。そうなれば、個体単位の発達を重視し、発達支援を充実させようとする人々の善意が、逆に、本来の意味での「子どもたちの育ち」を阻害する結果になりはしないか。発達途上に引いた子どもたちどうしの分断線が、やがて社会のなかで固定化して、人々のあいだの多様性をむしろたがいの異質性として強調することになりはしないか。いや、すでに

間で出会い、つきあうような場面が少なくない。そのこと自体を否定するつもりはないが、そこでも生身の身体での出会い、つきあいが前提となることを忘れてはならないように思う。ネット空間以前に、人類は文字の獲得によって古くから生身を超えた文字空間をわがものとしてきた歴史があるけれども、その背後には圧倒的な身体空間が前提となっていたことを忘れてはならない。ところが、いま私たちを巻き込んでいる情報空間は生身を超えたところで膨大に交わされ、生身の世界に立ち返ってこない。じっさい、いまほど人類がお喋りに興じている時代はないし、そのお喋りのほとんどがネット空間を介して交わされている。情報社会の最大の危険性は、ネットを介した膨大な情報空間が広がることによって、生身の身体による共同空間が本来の根を失ってしまうところにあるのではないかと思う。

そのようになってしまってはいないか。

現実の社会のなかには多様な人々が暮らしていて、その多様性を尊重することが大事だと言われる。その通りだと思う。しかし、多様性の尊重とその異質性の排除とは、じつのところ紙一重である。多様性を尊重すると口では言いながら、自分たちの安心・安全を求めるという名目で、暗に多様性を排除した世界を思い描き、異質な人たちを理解・関係の外に押し出すようなことが起こってしまう。そして、そうした異質を排除した体制が現実化してしまえば、やがてはその矛盾が露呈して、ひどいしっぺ返しを食らうことになるかもしれない。そうした懸念を私は拭い去ることができない。

4 私たちは「理由の世界」を生きている

発達心理学における「発達」の定義

発達心理学も最初はごく素朴に「育ちの科学」として出発したはずだが、それでは対象があまりに茫漠としている。そこで発達心理学が科学として認知されるにつれ、子どもの具体的な育ちの過程から生活の側面をそぎ落とし、個体レベルで狭義の「発達」現象を切り出して、そこに焦点を当てた研究が進められるようになった。そうして今日の発達心理学は、先の第1章で見たように、発達の単位を「個体」におき、その時間的変化に一定の方向性を見て、人間という生物種として想定された「完態」をイメージし、この完態に至る過程を外から「客観」の視点で見ようとしてきた。こんなふうに「個体」を単位に「発達」過程を外から「客観」的に観察していくのだと言えば、それは当たり前ではないかと思う人が多い。それはこの発達観がいまのこの時代にそれだけ一般化しているしるしでもある。

「発達障害」というときの「発達」も、この同じ発達観の下にある。「発達障害者支援法」でも、先に見たように、発達障害を「脳機能の障害」として位置づけている。いま巷には発達障害にかかわる解説書や啓蒙書があふれているが、そこにはきまって何らかの「脳の器質障害」あるいは「脳の機能障害」が原因だと説明されている。しかし、現実には、脳の障害を直接証明するような検査所見が診断に用いられているわけではない。じつのところ、自閉症についてさえ、脳の障害が原因であろうと推定はされているが、脳のどこにどのような障害があるかが特定されていない。まして軽度発達障害と言われるものが脳の「障害」に起因するとの証明は存在しない。にもかかわらず、「発達障害」と言えば、脳の障害として喧伝されている。そうして脳に着目するかぎり、問題は「個体」のものとして意識される。

たしかに、子どもの育ちはその脳の発達に大きく支えられ、そこに何らかの障害があれば、育ちに遅れや歪みが出てくる。それは当然のことである。それゆえ、発達過程にかかわる脳科学研究があってしかるべきだし、そこからの知見の深まりであらたに見えてくる事実があることを看過してよいわけではない。しかし、だからといって、育ちの問題を脳の問題、あるいは脳の発達の問題に還元して考えてすむわけではない。むしろ問題は、脳という臓器を身体の一部としてかかえた子どもが、その身体でもって周囲の環境世界をどのように生き、人々とどのようにかかわり、その身体の内側から自らの生きる生活世界をどのように織り上げていくのかという、その「育ち」にこそある。そのことを忘れてはならない。(＊106)

＊106　科学は「なぜ？」の問いからはじまると言われる。しかし、この「なぜ？」の問いには、大きく二つの答え方がある。たとえば「木になったリンゴはなぜ地面に落ちるのか？」の問いに対して、ニュートンは万有引力という概念をもち出した。それは宇宙の諸現象を「原因—結果」によって説明しようとするもので、自然科学においてはこの因果論が基本をなす。人間もまたこの宇宙で生きる以上、この因果に左右されるのは当然だが、この人間が行う行為や思考について「なぜ？」という問いを発したとき、これに因果論で答えられる範囲は限られている。なぜなら、人間の現象においては、その行為や思考の「主体」がその「渦中」からどこに向かってどのように動いていくかが問題となるからである。つまり、ここでの「なぜ？」の問いに対しては、「主体」が自分のおかれた状況の「渦中」から、自分なりの思いをもって動いていく、その「理由」が問題となる。同じく「なぜ？」という問いからはじまっても、それを「原因」で答えるか、「理由」で答えるかで、そもそも思考のパラダイムが異なるのである。心理学は後

薬は「原因」に効いても「理由」には効かない

ここで「発達障害」を疑われる子どもに対する薬の投与の問題を考えてみる。人間が生身である以上、あちこちに多様な故障が生じるのは、ある意味、自然なことで、脳という複雑な機能をになう臓器が複雑な障害をかかえる可能性はそれだけ大きく、脳における器質性障害あるいは機能性障害が発達障害をもたらす可能性はたしかにある。それゆえ、その脳の障害に対してその機能状態を左右する向精神薬が開発されたとき、それを投与することで行動上の問題、生活上の問題を解決しようとする発想が出てくる。それも理解できないことではない。しかし、そこでどうしても考えておかなければならない問題がある。

薬が作用することで脳の機能状態が変化し、その結果として行動面に変化が現れるというのは〈原因―結果〉という因果の問題で、薬はいわばその「原因」に作用して「結果」を変えようとするものである。客観的な科学の目で人を外から観察して、その行動を因果の流れに集約して、それを操作しようとする発想がそこにはある。もちろん、その見方自体が間違っているわけではない。現に深刻な行動上、生活上の問題があって、他に解決の手段が見つからないとき、現実的に薬の投与を考えなければならない場面はありうる。しかし、ここで考えなければならないのは、人はその因果の流れに身をおきながら、他方でその流れを「渦中」から生きているということである。そして、その「渦中」から生きる世界にあるのは〈原因―結果〉の流れではなく、むしろ〈理由―目的〉の流れである。

たとえば、ある子どもが就学後、授業中にじっと座って先生の話を聞けず、すぐに立ち歩いてしまう。そこで医師からＡＤＨＤの診断を受けて、薬を投与し、その子の多動を抑えようとする。うまくいけば、薬が「原因」部分に作用して、「結果」としてその薬が効いたとい

進の科学として、すでに隆盛を誇っていた自然科学をモデルに自らを確立しようとしてきた歴史があり、それはそれなりに成果を得てきたと言ってよいが、結局のところ、それは「神の視点」からの心理学にとどまり、それぞれの人間の「渦中」性を前提においた「私たちの心理学」たりえなかったと言ってよい。

うことになる。しかし、そこにあるのはあくまで〈原因―結果〉の考え方であって、それで済むということにはならない。

じっさい、その子が授業中じっと先生の話に集中できないのは、その「渦中」から見れば、先生の話が面白くないためかもしれないし、内容を理解できないためかもしれない。あるいは、環境の変化についていけなくて、学校での行動ルールが分からず、混乱しているのかもしれないし、さらにほかに何か理由があるかもしれない。いずれにせよ、その子の側にはその子なりに先生の話に集中できない「理由」がある。その「理由の世界」を考えることなしには、先生が子どもとの関係をつくることができないし、子どもたちどうしの関係を広げることもできない。

当たり前のことだが、薬は「原因」の世界に効くことはあっても、「理由」の世界に効くことはないのである。

たがいの「理由」、たがいの「都合」

人はそれぞれの身体でもって生きている。ということは、その身体を含めて、その因果の世界を生きているということにほかならない。現に身体が何らかの病原菌に襲われれば、身体はそれに対して反応せざるをえないし、鋭利な刃物が身体に食い込めば、その傷口から血液が流れ出る。あるいは身体が高い建物の屋上から落下すれば、地面に衝突して身体の器官は破損し、下手をすれば生命機能も断たれるかもしれない。そうした因果の世界に身体はある。しかし、生き物は身体的存在として、ただただその身体を囲む物理化学的なレベルで因果の世界を生きるだけではなく、文字通りその身体の内側から周囲世界とかかわりながら生きてもいる。つまり、自らに与えられた身体の「渦中」からユクスキュルの言う「環世界」を生きている。そこにあるのは、単なる因果の世界ではなく、人が内側から生きる理由の世界である。(*107)

たとえば、高齢化に伴って脳に何らかの障害を来たして認知症になるケースがある。その「原因」は脳の器質障害あるいは機能障害にあることが分かっている。しかし、その脳に障害を抱えた人もまた、その渦中から生きているのは「理由」の世界である。時間・空間の見当識を失った認知症患者が施設を脱け出して徘徊行動を繰り返すのは、その原因として脳の障害が背後にあると考えざるをえないが、しかし、当人に「どうして出かけるのか」と聞けば、「自分の家に帰るのだ」と言い張る。その人にとってみれば、自分がいるその施設が「自分の家ではない」、だから「家に帰りたい」のである。あるいはその家が実際は自分の家であっても、たとえば改装されていたりして、自分の家に当てはまらないがゆえに「自分の家ではない」。いずれにせよ、周囲からは合理的な根拠のない徘徊行動に見えても、その背後にはその人なりの「理由の世界」があって、それを薬で左右することはできない。

そこで「家に帰りたい」という人には、「じゃあ、ご一緒しましょうか」と答えて、ともに動き、言葉を交わしあい、その理由の世界をともに生きる。そうして行動をともにするなかで、折り合いをつけ、しばらくして「暗くなってきたので、今日は諦めましょうか」などと語りかけ、それですっと落ち着くこともある。何にせよ、人にはそれぞれに「理由」があり「都合」がある。そうした「理由」「都合」の世界では、たがいの納得によってはじめて道は開かれていく。

思えば、人どうしのコミュニケーションは、たがいの「理由」や「都合」を折り合わせ、

＊107　心理学が人間の現象を扱う科学である以上、これを自然科学のパラダイムでおおい尽くすことは、原理的に不可能である。それと同じ理由で、生物の現象を扱う科学もまた、当の生き物が「主体」として、その身体の位置から世界を捉え、その世界に身体の位置から働きかけるものである以上、因果論のパラダイムでその現象をおおい尽くすことはできない。ユクスキュルの「環世界論」はそれを象徴的に示すもので、ここでも「渦中の視点」こそが問題となる。日高敏隆・坂田明『ミジンコの都合』（晶文社、一九九〇年）が言う「都合」という概念も、「理由」と同じく、主体の側の「渦中」があっての話で、「なぜ？」の問題を考えるうえで興味深い。

納得しあうということであって、因果法則に基づいて人の行動を操作するようなことではない。

人が生きる「理由の世界」

人はこの「理由の世界」を生きる。この話にかかわって、一つのエピソードを紹介しておきたい。

私は以前にこんな事件に出会ったことがある。軽度の知的障害をともなった発達障害の男性が、路上で若い女性に抱きつくという事件で幾度も摘発され、事件を繰り返した挙げ句、最後には起訴され、実刑判決を受けて収監された。母親は子育てにあれこれ苦労して、とくに性的な目覚めがはじまった思春期以降、いくら注意しても効果のないその息子に振り回されて、息子のことが信じられず、まるで不信感のかたまりのようになっていた。母と子はたがいにディスコミュニケーションの深みにはまり込んでいたのである。

その息子が刑期を終えて実家に帰って数カ月後、近所でまた深夜路上で女性が痴漢被害に遭うという事件が発生した。同種の前科のあった息子がふたたび容疑をかけられ、逮捕されて、取調べで最初は否認していたが、やがて自白に落ちる。

ところが、この事件については、ちょうどその事件発生の時刻に母親が息子と一緒に自宅にいて、あるテレビドラマを見ていた。つまり、今度の事件に限っては明らかに冤罪だった。母親はまさにそのアリバイ証人だったのである。ところが、身内のアリバイ証明を警察・検察は信じず、息子はふたたび起訴され、裁判で否認したにもかかわらず、有罪判決が下されて、これが確定する。(＊108)

＊108　私がこの事件を知ることになったのは、問題の犯行時間帯に息子は自分と一緒に居たのだから、その息子が犯行を犯したはずがないと信じた母親が、裁判が有罪で確定した後、再審を申し立てたいとして、弁護人を通して、自白などの鑑定を依頼されたことによる。上に紹介したエピソードはこの再審請求の準備中に起こった出来事である。この裁判については母親がまとめた中南まり子・中南源太『僕は何もやっていない、母さん助けてください』（遊絲社、二〇一〇年）がある。唯一のアリバイ証人が実母であったため、これが証拠として取り上げられることなく、実際には再審には至らず、請求は頓挫してしまったのだが、この裁判の戦いのなかで親子関係の修復が図られることになったのは、まさに僥倖であったと言ってよい。この事件に限らず、冤罪は不幸の極みだが、一方で、冤罪を晴らす運動のなかで、人間の本来を取り戻す人たちがしばしば現れる。なんとも言えないパラドックスである。

ここで興味深いのは、この冤罪救援の活動のなかで親子のあいだに劇的な変化が現れたことである。母親は今度ばかりは息子のことを信じ、あらゆる支援を惜しまず、その否認を支え、刑期を終えてふたたび実家に帰ってきたのち、再審請求に向けて、周囲の助けをかりながら最大限の努力を傾けた。そうしたなかで親子関係が修復され、周囲の人たちと深いかかわりを重ねて、息子の問題行動も影をひそめることになる。

思えば、親子がまさにおたがい不信の構図に囚われるなかで、母親は孤立無援の状況にさらされ、同時に息子も周囲から不信の目で見られるなかで深い孤独を味わって、それがさまざまな問題行動として表に現れていたのである。そうしてたがいに不信の構図を深める事態になっていたところ、不幸な冤罪事件を契機に、母親が徹底して息子を信じ、母親のその信頼を息子が受けとめることで、親子の関係が変わり、周囲の人との関係も安定することになった。

因果の世界では何一つ変わったわけでない。もちろん薬を飲んだわけでもない。それにもかかわらず、同じその世界を「渦中」から生きる「理由の世界」が、母子ともども、そこで大きく変わったのである。それまでの母子のディスコミュニケーションの構図が、「理由の世界」における偶発的な一点の組み換えによって、ここまで変わりうる。これはそのことを示す象徴的なエピソードだと言ってよい。

もう一つのエピソード

しかし、こうしたエピソードは多くない。むしろ逆に障害のゆえに人間関係がさんざんこじれて、挙句の果てに、周囲がその人の「理由の世界」を見ることを放棄してしまい、それによって当人を閉塞のなかに追い詰めてしまう、そんなエピソードの方がはるかに目立つ。たとえば、こんな例がある。

二〇一二年七月、大阪地方裁判所の裁判員裁判で、アスペルガー症候群の障害をもち、長く引きこもっていた四二歳の男性が実姉を刺殺した殺人事件について判決が下された。この裁判で検察官は懲役一六年を求刑していたのに対して、裁判所は「家族が同居を望んでいないため社会に受け皿がなく、再犯の可能性が心配される」「許される限り、長期間刑務所に収容することが、社会秩序の維持にも資する」として、求刑を超える懲役二〇年の判決を言い渡した。裁判所が検察の求刑以上の刑を科すことはきわめて例外的なことで、法の理念を逸脱しているとも言える。じっさい、この事件でも、後の大阪高裁は第一審判決を破棄し、懲役刑を一四年にあらためて、これが最高裁で確定している。

それにしても、この異例の第一審判決は何だったのか。裁判官・裁判員たちはこの男性をもっぱら危険な人物としか見ることができず、こんなに危険な人物なのだからということで、この男性をできるだけ長く物理的に拘束することが「社会秩序の維持に資する」と考えたのであろう。そこにはこの男性が「渦中」から生きてきた「理由の世界」を正面から見つめようとする姿勢が欠けている。

たしかに、人が生きる「理由の世界」は、直接、私たちの目には見えない。目で見えるのは、その身体で生きる外形的な姿だけ。そして裁判官・裁判員たちはその男性の外形的な姿に危険性を読み取った。それは、たしかに、ある部分やむをえないことかもしれない。しかし、どんなに理不尽に見える行動にも、人間の行動である以上、背後にはそれを「渦中」から生きてきた「生活の世界」があり、「理由の世界」がある。それを見ようとせず、その外形から見える危険性に焦点を当て、その危険性のみによってその人の行動を説明しようとしたとき、そこにどのようなことが起こってくるのか。そこには一方の側による他方の操作あるいは制圧的な行為が起こることはあっても、本来の意味での人と人とのコミュニケーションが生まれることはない。そのことを考えないわけにはいかない。(*109)

重い障害のある人が犯罪行為を起こしたとき、その人を障害ゆえに不当に長期にわたって刑務所に閉じ込め、社会秩序を維持するなどというのは、法の理念としても許されることではないが、しかし、一方で、重い障害のゆえに人を施設のなかで囲い込んで物理的に拘束し、あるいはときに薬でもってその問題行動を制御しようとするなどという処遇が現実に行われている。そこでもまたその処遇を受ける人たちの「理由の世界」は横におかれて、その人たちをもっぱら「因果の世界」のなかで操作するようなことが行われているのである。

心理学のほんらいの領分

人間の科学としての心理学は、自然科学をモデルにして、人間行動の因果的説明にこだわってきた。そして、昨今の脳科学の進展は、少なくとも表向きは心理学をその方向にさらに推し進め、科学としてのかたちを整えてきたように見える。その結果として、心理学は「理由の世界」からそれだけ遠ざかり、それによって「人間の理解」からさらに遠ざかることになってはいないか。人は物理的な身体でもって生きている以上、たしかに因果によって左右されているが、しかし、同時に人はその身体の「渦中」から「理由の世界」を生きている。これもまた厳然たる事実であって、そのことを前提にしたところではじめて人間的な行為は可能となる。そうだとすれば、心理学がその人間的行為についての科学であるかぎり、その

＊109　「危険だから物理的拘束をできるだけ長くつづける」というのは、精神障害の当人を「危険物」としか見ないもので、そこには被告人の「更生」を求める姿勢がないというだけでなく、そもそも罪に対する「処罰」という発想すらうかがえない。ここで想起するのが、二〇一六年に発生した相模原事件（津久井やまゆり園の元職員が一九人を殺害し、二六人に重軽傷を負わせた事件）で、U氏が「意思疎通のできない重度の障害者は安楽死させるべきだ」として、相手をまるでただの「モノ」であるかのように次々と殺傷した事件である。U氏にとって重度の障害者は家族に不幸をもたらし、社会に不経済な無駄を強いる「モノ」でしかない。彼の大量殺人の行為が、人どうしの「理由の世界」を飛び越えているのは明らかだが、人はともすると周囲の生身の他者を、こうして「因果の世界」に投げ込んでしまう。それはけっして他人事ではない。現にこの事件を受けて、U氏を英雄視するような発言があちこちに起こったという。このことの怖さに私たちは自覚的でなければならない。

領分をおろそかにしていいはずはない[*110]。

「因果の世界」においては、現象を外から「観察」し、それを「説明」し、さらにこれを「操作」することができる。それに対して「理由の世界」ではおたがいがそれぞれの渦中の視点に立って、「理解」しあい、「納得」しあう。そうしたコミュニケーションが人どうしの関係のかたちであって、心理学のほんらいの領分はそこにこそある。

そう考えたとき、いま子どもたちの周辺でさかんに「発達」が語られ、「発達障害」が問題視されているこの事態は、はたして子どもたちの「理由の世界」を正面から見つめたうえでのことなのかどうか。むしろ逆に子どもたちの育ちをこちらの側の都合に合わせて「説明」し、あるいは「操作」しようとする、その手立てとして心理学が利用されてはいないか。あるいは、その延長上でなされる「発達支援」もまた、ひたすら個体能力の伸長・増強に向かい、それによって現実の問題が解決できるかのように考えることで、かえってその当人が「渦中」から生きる「生活の世界」あるいは「理由の世界」をないがしろにすることにつながっていないか。そのことが気になる。

本書で繰り返し述べてきたように、いま「発達」を個体能力の問題に還元し、これを軸に人間を捉えようとする思考様式が私たちの回りに蔓延している。そのことの危険性を具体的に掘り下げて見ていくことが、いまあらためて私たちに求められているのではないだろうか。

人は個体で生きているのではない。それゆえ発達もまた、本来は、共に生きる共同のかたちのなかではじめて機能するはずのもの。そのことを見逃して、個体能力の単位でのみ「発達」や「障害」を考えるような議論が横行するのは、個体単位の経済制度や生活感が私たちの世界を牛耳っているという、この時代のむしろ病理ではないかとさえ思われる。そこまで

＊110　ワロンは『身体・自我・社会』（ミネルヴァ書房、一九八三年）のなかで「人は脳そのものにおいて社会的である」と書いている。たしかに人間の行為も意識も脳の機能によって生み出され、成形されていることは事実だが、しかし、その脳という身体部分は単なる物質ではない。脳そのものが、その脳を器官として具えた人間を、周囲の他者と結び合わせ社会をなすように、あらかじめ予定されているのであって、そこには「因果の世界」と「理由の世界」とのつなぎ目がある。ワロンはそのことを明示的に述べてはいないが、彼の理論形成はそこに基点があると見てよいように思う。

言わないにしても、「発達」は時代や社会を離れて、それ自体で成り立つ自明のものではない。紙面が尽きたところで、これがいまあらためて原点に立ち戻って再考すべき問題であることを確認しておかなければなるまい。

筆者の関連著作一覧

西暦　◇翻訳書　○発達関係の著書・編著書　◎子ども・教育関係の著書・編著書

一九七四　◇ウェルナー＆カプラン『シンボルの形成』（鯨岡峻氏と共訳）ミネルヴァ書房
一九七六　◇ウェルナー『発達心理学入門』（鯨岡峻氏と共訳）ミネルヴァ書房
一九七八　◇ピアジェ『知能の誕生』（谷村覚氏と共訳）ミネルヴァ書房
　　　　　◇ハーロウ『愛のなりたち』ミネルヴァ書房
一九八三　◇ワロン『身体・自我・社会』（訳編）ミネルヴァ書房
一九八四　○『子どもの生活世界のはじまり』（山口俊郎氏と共編著）ミネルヴァ書房
一九九〇　○『発達論の現在』（共編）ミネルヴァ書房
一九九二　○『「私」というもののなりたち』（編著）ミネルヴァ書房
一九九三　○『発達心理学再考のための序説』ミネルヴァ書房
　　　　　◎『個立の風景』ミネルヴァ書房
一九九四　○『ピアジェとワロン』ミネルヴァ書房
一九九五　○『意味から言葉へ』ミネルヴァ書房
　　　　　○『発達心理学入門』（岡本夏木氏と共著）岩波書店
　　　　　○『発達心理学辞典』（共編）ミネルヴァ書房
　　　　　◎『事件のなかの子どもたち』（野田正人氏と共著）岩波書店
一九九六　◎『人間を理解するとはどういうことか』障害児・者情報センター
　　　　　○『発達の理論―明日への系譜』（編著）ミネルヴァ書房
一九九七　○『ありのままを生きる』岩波書店
一九九八　◎『いま子どもたちの生きるかたち』（ミネルヴァ書房）

一九九九　◎岩波講座『現代の教育』（全13巻）の編集に参画
二〇〇〇　○『「私」とは何か』講談社メチエ
二〇〇二　◎『教育評価を考える』（共編著）ミネルヴァ書房
二〇〇三　○『身体から表象へ』ミネルヴァ書房
　　　　　○『からだとことばをつなぐもの』（麻生武氏との共編）
　　　　　○『ひととひととをつなぐもの』（山上雅子氏との共編）
　　　　　◎『学校という場で人はどう生きているのか』（共編著）ミネルヴァ書房
二〇〇五　○『「私」をめぐる冒険』洋泉社新書
　　　　　◎『子どものリアリティ　学校のバーチャリティ』岩波書店
　　　　　○『よくわかる臨床発達心理学』（共編著）ミネルヴァ書房
二〇〇八　◎『赤ずきんと新しい狼のいる世界』（編著）洋泉社
二〇〇九　○『障害と子どもたちの生きるかたち』岩波書店（『ありのままを生きる』文庫化）
　　　　　◎『心はなぜ不自由なのか』ＰＨＰ新書
　　　　　◎『子ども学序説』岩波書店
　　　　　○『私と他者と語りの世界』ミネルヴァ書房
二〇一〇　◎『「渦中」の心理学へ』（伊藤哲司氏と共著）新曜社
二〇一二　◎『子どもが巣立つということ』ジャパンマシニスト社
　　　　　◎『現場の心理学』（共編著）かもがわ出版
二〇一五　◎『〈子どもという自然〉と出会う』ミネルヴァ書房
二〇一六　○『もう一度自閉症の世界と出会う』（村瀬学・高岡健氏と共編著）ミネルヴァ書房
二〇一七　◎『親になるまでの時間　前編』ジャパンマシニスト社
　　　　　◎『親になるまでの時間　後編』ジャパンマシニスト社
二〇二一　『心理学をめぐる私の時代史』ミネルヴァ書房

おわりに

私はこれまで「発達」についていろいろなことを、いろいろなところに書いてきた。その論考を一つの本にまとめようと思い立って、四〇数年間にわたって書き散らしてきたものをあらためて読み返してみると、時代により状況により、私はじつにさまざまなことを語っているが、どの語りにも通底している思いがそこにはあることに気づく。

たとえば、本書冒頭の「人間理解と発達心理学」を書いたその同じ年、季刊『発達』一三号に「発達心理学の位置」と題して、次のようなことを書いている。

人類が原始共同体社会を営んでいようと、高度の資本主義社会に突入していようと、天体の運動はそれに関りなく一定不変である。つまり、物理現象は時代を超えている。ところが、人間科学のばあいはそうはいかない。つまり、その科学の方法だけでなく、対象となるべき人間の諸現象自体が、時代の制約のなかにあり、時代のイデオロギーに強く支配されて変化する。

E・フロムはこう書いている。「人間の研究者はほかのいかなる科学者よりも、自分のおかれた社会の空気に影響されやすい。それは、考え方、興味のいだき方、問いのもち方などがみな、自然科学のばあいと同様、ある程度社会的に決定されているだけでなく、人間科学のばあい、人間という主題（対象）自体が、社会的に決定されるからである」（『破壊』（作田・佐野訳、紀伊國屋店、一九七五年）。

フロムがここで念頭においているのは、行動主義である。行動主義においては、主題は行動であり、行動する人間ではない。このように主題の切り出し方のなかに反映している研究者の思想は、研究対象となる人間にも通底している。そうして、研究者が人間の諸現象総体のなかに、人間ぬきの行動を見ようとするとき、対象となる人間たちも、日常的にもっぱら主体ぬきの行動をおもてに表すことを求められている。時代の思想状況が、研究者のみならず、研究対象者をも等しくおおっているのである。

フロムは右の引用文につづけて、次のように書いている。「心理学者が人間について語るときモデルとなるのは、いつも、自分のまわりにいる人間、なかんずく自分自身である。現代の産業社会においては、人間は頭脳に頼ることがおおく、感じることが少なく、情緒などは——被験者だけでなく心理学者自身の情緒も——無用の底荷であると考えている。この人間たちには、まさに行動主義理論はぴったりのように見えるのである」。フロムがここで行動主義心理学について書いたことは、いま私たちの時代において大勢を占めている心理学についても、同じように当てはまるのではないか。

人間は、おとなも子どもも、状況のなかにしか生きられない以上、それ自体できわめて状況的である。そして、それと同じように研究者もその研究も状況的であることを免れることができない。とすれば、科学の科学たるゆえんは、そのことをどこまで相対化できるかに求めるべきであろう。ある人はこうも言っている。「政治的状況をぬきにして子どもを論じるのは、オーケストラぬきでバイオリンコンチェルトを分析するようなものである」(David Ingleby (1974), "The integration of a child into a social world", In M.P.M. Richards (ed.) "*The psychology of child psychology*." Cambridge Univ. Press.)。

まことにその通りである。人間の科学であるはずの心理学が、真に「人間の科学」であろうとすれば、それがまるで神の視点に立った客観科学でありうるかのように思い込む呪縛から、まずは脱け出さなければならない。右の文章の最後を、私は次のように締めくくっている。

呪縛からの脱出は、呪縛の自覚にはじまる。

さて、私たちはこの呪縛をどれほど自覚し、そこからどれほど脱け出すことができているのか。本書を閉じるにあたって、このことをあらためて問わなければならない。

＊　＊　＊

私はいま、ほとんどの時間を「刑事裁判」という、およそ「発達」からは遠い現場で過ごしている。本書の刊行に向けての作業も、今から七〇年以上も前に起きた三鷹事件（東京の三鷹駅で起きた電車脱線転覆事件）で死刑が確定し、いま再審を請求中の事件について、獄中で亡くなった竹内景助氏の自白を供述分析する作業と並行して進めてきた。一見、まったく異なる二つの作業をしているようでいて、私のなかでは、じつのところ、ほとんど違和感がなく、まるで同じ現場で作業をつづけているかのような感覚でいる。不思議な気もするが、考えてみれば、いずれも「呪縛からの脱出」を試みようとする作業だという点で共通する。そのためかもしれない。

最後に、今回のこの仕事も、ミネルヴァ書房さんの支援がなければ、このようなかたちで実現することはなかったはずです。前著『心理学をめぐる私の時代史』（ミネルヴァ書房、二〇二一年）とともに読んでいただければ、本書の目指したところをよりよく理解していただけるのではないかと思います。本書の刊行については企画の段階で、ミネルヴァ書房で編集の仕事をされてきた吉岡昌俊さんにお世話になりましたし、吉岡さんが退職されてからは、丸山碧さんに引き継いで、ご苦労をいただきました。お二人に感謝のことばを送らせていただきます。ありがとうございました。

二〇二二年一二月五日

浜田寿美男

《著者紹介》

浜田 寿美男（はまだ すみお）

1947年　香川県小豆島生まれ

小豆島高校卒業，京都大学文学部を経て同大学院文学研究科博士課程（心理学専攻）修了後，花園大学で講師，助教授，教授を務め，その後，奈良女子大学文学部教授として2010年に定年退職。2011年より6年間，川西市子どもの人権オンブズパーソンを務める。

現在は奈良女子大学名誉教授，立命館大学上席研究員。

著書は，発達心理学関係，子ども論関係，刑事裁判関係の分野にわたる。

「発達」を問う

――今昔の対話　制度化の罠を超えるために――

2023年4月30日　初版第1刷発行　〈検印省略〉

定価はカバーに
表示しています

著　者　浜田寿美男
発行者　杉田啓三
印刷者　田中雅博

発行所　株式会社　ミネルヴァ書房

607-8494　京都市山科区日ノ岡堤谷町1
電話代表　(075)581-5191
振替口座　01020-0-8076

創栄図書印刷・新生製本

ISBN 978-4-623-09553-7

Printed in Japan